1 MONTH OF
FREE
READING

at
www.ForgottenBooks.com

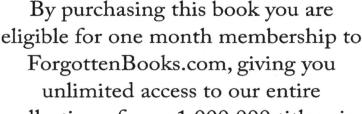

By purchasing this book you are eligible for one month membership to ForgottenBooks.com, giving you unlimited access to our entire collection of over 1,000,000 titles via our web site and mobile apps.

To claim your free month visit:
www.forgottenbooks.com/free478368

ISBN 978-0-656-66248-7
PIBN 10478368

Zu der

öffentlichen Prüfung,

welche

am 18. und 19. März 1880

in dem Gymnasium Carolinum

veranstaltet werden wird,

l a d e t   e h r e r b i e t i g s t   u n d   e r g e b e n s t   e i n

Dr. F. W. Schmidt,

Schulrath.

Inhalt:

Beiträge zur Kritik der Griechischen Erotiker, vom Schulrath Dr. Schmidt.

Neu-Strelitz.

Schnellpressendruck der Hofbuchdruckerei und Lith. Anstalt von H. Hellwig.

1880.

1880.   Progr.-Nr. 558.

Beiträge zur Kritik der Griechischen Erotiker.

Mein verewigter Lehrer Bernhardy suchte mich einst zu bestimmen, meine Studien der späteren Gräcität zuzuwenden, einem Felde, welches allerdings damals seltner Berücksichtigung fand und auch jetzt verhältnismäszig wenig Liebhaber aufzuweisen hat. Indessen eigne Neigung sowol wie Rücksichten auf mein Lehramt, dem zu dienen ja vor allem meine Aufgabe war, fesselten mich immer an ein anderes Gebiet, bis ich denn vor einigen Jahren durch das Studium der Griechischen Anthologie zu den Erotikern verschlagen wurde. Die Früchte dieses Streifzuges biete ich nun in folgenden kritischen Beiträgen, mit dem Bemerken, dasz mir bei meiner Arbeit literarische Hilfsmittel nur in sehr beschränktem Masze zu Gebote standen. Ausser den Ausgaben von Hirschig und Hercher, nach welcher ich citire, verfügte ich nemlich nur über den Heliodor von J. Bekker, den Achill. Tat. von Jacobs, den Chariton von D'Orville, den Xenophon Ephes. von Peerlkamp und den Longus von Seiler. Ausserdem habe ich von den kritischen Arbeiten der Holländischen Gelehrten die Aufsätze benutzt, die in den Jahrgängen der Mnemosyne nova ser. vorliegen. Jn diesem Umstande liegt hoffentlich für mich eine Entschuldigung, wenn ich etwa Verbeszerungsvorschläge machen sollte, die bereits von anderen Philologen veröffentlicht worden sind. Was ich hier biete, biete ich bona fide als Ergebnisse eigner Studien.

I. Zu Parthenius.

14, 1. wo von der Liebe der Kleoboia zu dem als Geiszel an dem Hofe von Milet lebenden Antheus die Rede ist, heiszt es: ὡς δὲ ἐκεῖνος ἀπεωθεῖτο — ἡ Κλεόβοια κακῶς φερομένη ἐν νῷ εἶχε τίσασθαι αὐτόν κτλ. Während Hercher früher für das Med. φερομένη das Act. als wünschenswerth bezeichnete, hat er Hermes XI. pag. 226 φλεγομένη dafür in Vorschlag gebracht, was allerdings auch zu den Worten §. 2 χαομένη σφοδρῷ ἔρωτι gut stimmt. Zudem ist ja bekannt, dass die Verba φέρεσθαι und φλέγεσθαι auch sonst nicht selten verwechselt worden sind; vgl. Cobet Mnemos. n. s. II., p. 258, welcher auf Grund dieser Beobachtung z. B. auch Aristaen. Ep. II. 2, p. 193. ed. Boiss. ἐπὶ σοὶ γὰρ ἐγὼ φέρομαι μόνῃ unzweifelhaft richtig in φλέγομαι verbeszert hat; vgl. Ach. Tat. V, 11; 4: ἀλλ' ἔστι σοι — ἐλεῆσαι ψυχὴν ἐπὶ σοὶ φλε-

I, 24. p. 29, 28: *καὶ δίαιτάν τε ἁβροτέραν τῆς οὔσης παρεῖχεν ὁ θύαμις.* Es wird also von einer Kost geredet, die feiner war als die gewöhnliche. Hierfür scheint aber *οὔσης* nicht der geeignete Ausdruck zu sein; man erwartet vielmehr *τυχούσης,* dessen erste Silbe durch das voraufgehende *THC* absorbirt sein mag. Vgl. Lucian. Cyn. 4. *ἀλλὰ μὴν οὐδὲ τρέφεσθαί γε φαίνεται χεῖρον τὸ σῶμα τοὐμόν, ὅτι ἀπὸ τῶν τυχόντων τρέφεται.* Philostr. Heroic. 4. p. 170, 16. ed. Kays. *σιτία τε ἦν αὐτῷ τὰ ἐπιτυχόντα.*
I. 27. p. 32, 20: *χρὴ δὲ πρὸς ἕτερα τραύματα καὶ φόνους ἴσους εἶναι παρεσκευασμένους.* So lautet die Aeuszerung des Knemon über die drohenden Kämpfe. Was sollen in diesem Zusammenhange die *φόνοι ἴσοι?* Unzweifelhaft liegt ein Schreibfehler vor für *νέους.*[*)]

In demselben Capitel lesen wir p. 32, 25: *καὶ χρόνος τι διασμῶντα καὶ |παλτὸν θήγοντα καταλαβών, εἰς καιρόν, ἔφη, πρὸς ὅπλοις τυγχάνεις.* Anstößig ist *χρόνος τι.* Wahrscheinlich ist nach den beiden letzten Buchstaben von *χρόνος* ein *α* übersehen worden und so aus dem ursprünglichen *ἄρτι* jenes *τι* entstanden. Vgl. V. 1. p. 122, 1 und 13; 13. p. 134, 30; 34. p. 156, 15. VII, 22. p. 207, 20. Ach. Tat. II. 31, 6.

II. 2. a. E. *ἀλλ' ἐνίκα τὴν ἀτεχνίαν τῆς γνώμης τὸ πρόθυμον.* Der Gedanke ist klar. Nur fragt es sich, ob mit *γνώμης τὸ πρόθυμον* auch wirklich der Eifer, das erstrebte Ziel zu erreichen, ausgedrückt werden kann; ich bezweifle es; jedenfalls ist weit bezeichnender *τῆς ὁρμῆς τὸ πρόθυμον.* Uebrigens finden sich diese beiden Worte auch sonst verwechselt. So ist z. B. Lucian. dial. meretr. 5, 4 für *ἡ γνώμη δὲ καὶ ἡ ἐπιθυμία καὶ τἄλλα πάντα ἀνδρός ἐστί μοι* sicherlich auch *ἡ ὁρμὴ* herzustellen, wozu sich vergleichen läszt Ael. v. h. 13, 1: *ἐμπλῆσαι τὴν ὁρμήν.* Char. VI, 9, 5: *βιαζομένης δὲ τῆς ὁρμῆς.* Lucian. asin. 33: *τῆς γὰρ ἐπαφροδίτου ταύτης ὁρμῆς ἀφαιρεθεὶς ἥμερός τε εὐθὺς καὶ πίων ἔσται,* und Heliod. I, 26: *ὁρμὴν γάρ, ὡς οἶσθα, κρατούσης ἐπιθυμίας μάχη μὲν ἀντίτυπος ἐπιτείνει,* wofür sich bekanntlich auch das bloße *ἐπιθυμία* findet: vgl. Xenoph. comm. III. 9. 7. Luc. tyr. 12. Heliod. II, 25. IV, 10 a. E. VI, 9. VII. 3. 4. 6. 21. Xen. Eph. I, 4. 7. Long. III. 15, 5. Aristaen. II, 15. a. E. — Ferner gehört hierher die Stelle bei Long. III. 19, 1, wo es heiszt: *τελεσθείσης δὲ τῆς ἐρωτικῆς παιδαγωγίας ὁ μὲν Δάφνις ἔτι ποιμενικὴν γνώμην ἔχων ὥρμητο τρέχειν ἐπὶ τὴν Χλόην κτλ.* Denn diese Worte sind in diesem Zusammenhange weder von der den Ziegenhirten im allgemeinen eigenthümlichen Lüsternheit (s. Seiler z. Long. II, 9.) zu verstehen, noch von ihrer Naivetät, auf welche

---

*) Wie nicht anders zu erwarten, begegnet man der hier vorliegenden Verwechselung von *ν* und *ι* ziemlich oft. Gelegentlich nur noch ein Beispiel. Bei Soph. Trach. 757 erzählt Hyllos der Mutter:
κῆρυξ ἀπ' οἴκων ἵκετ' οἰκεῖος Λίχας,
τὸ σὸν φέρων δώρημα θανάσιμον πέπλον.
Von *οἰκεῖος* hat man bisher eine befriedigende Erklärung zu geben nicht vermocht. Sollte eine intimere Stellung des Lichas zum Herakleischen Hause bezeichnet werden, so war ein anderer Ausdruck erforderlich. Auf das richtige führt v. 493. Wie die Deianira dort den Lichas entläszt mit den Worten:
κενὸν γὰρ οὐ δίκαιά σε χωρεῖν, so ist auch an unsrer Stelle ohne allen Zweifel zu verbessern:
κῆρυξ ἀπ' οἴκων ἵκετ' οὐ κενὸς Λίχας,
wofür auch spricht Oed Col. 359: *ἥκεις γὰρ οὐ κενή γε, τοῦτ' ἐγὼ σαφῶς ἔξοιδα, μὴ οὐχὶ δεῖμ' ἐμοὶ φέρουσά τι* Wie nemlich in den Worten des Hyll. der angeschloszene Participialsatz die nähere Erläuterung des *οὐ κενός* enthält, so in denen des Oedipus die mit *μὴ οὐχί* angeknüpfte zusätzliche Bestimmung.

Stellen zu beziehen sind, wie Long. III, 18, 1. und IV, 11, 2. An unsrer Stelle sollen offenbar die durch die erwähnte παιδαγωγία angeregten persönlichen Gelüste des Daphnis bezeichnet werden, wie sich hinlänglich aus 20, 1 ergibt, wo wir lesen: ὁ δὲ Δάφνις εἰς λογισμὸν ἄγων τὰ εἰρημένα τῆς μὲν πρότερον ὁρμῆς ἀπήλλακτο. Genug es ist zu verbeszern: ἔτι γονικὴν ὁρμὴν ἔχων κτλ. — Ganz ebenso ist Ach. Tat. I, 10, 3: πρὸς δὲ τὴν τῆς Ἀφροδίτης Χάριν κἂν γνώμην ἔχωσιν, ἃ πάσχουσιν ἀκούειν οὐ θέλουσι· die Emendation ὁρμήν erforderlich. — Dagegen könnte man vielleicht geneigt sein, umgekehrt das handschriftliche ὁρμήν in γνώμην zu ändern Heliod. II, 25. pag. 65, 10, wo Kalasiris von seinem freiwilligen Exil folgendermaszen berichtet: ἐξῴκιζον ἐμαυτὸν γῆς τε καὶ οἰκίας πατρῴας, τὴν μὲν ὁρμὴν οὐδενὶ φράσας, πρόφασιν δέ, ὡς εἰς Θήβας τὰς μεγάλας ἀνακομίζομαι. Denn soviel ist klar, ὁρμή kann nicht der πρόφασις gegenüber gestellt werden. Dagegen würde γνώμη im Sinne von „Vorhaben" in den Zusammenhang passen. Noch geeigneter wäre freilich im Gegensatz zu πρόφασιν die Bezeichnung des wirklichen Beweggrundes, und diesen Begriff würden wir mit ἀφορμήν gewinnen, was sich auch paläographisch noch mehr empfehlen dürfte, sofern nach N leicht ein A und ebenso leicht vor O ein Φ ausfallen konnte. — Endlich scheint auch Heliod. VIII, 1. p. 218, 10: οὐδενὶ τὴν ὁρμὴν τῆς στρατείας φράσας sinngemäszer zu sein γνώμην, d. h. „Tendenz," wozu sich vergl. läszt Thuc. VIII, 90, 4: ἦν δὲ τοῦ τείχους ἡ γνώμη αὕτη κτλ. —

II, 7. z. A. heiszt es von Theagenes u. Charikleia, die Heliodor nach der von den Erotikern in wahrhaft krankhafter, ja man kann sagen widerwärtiger Sentimentalität festgehaltenen Manier in Folge freudiger Aufregung über das unverhoffte Wiedersehen in gegenseitiger Umarmung ohnmächtig zur Erde sinken läszt, worauf sie dann von Knemon durch Anwendung von kaltem Wasser wieder zur Besinnung gebracht werden: οἱ δὲ ἑτέρως μὲν ἀλλήλοις ἐντυχόντες, κειμένους δὲ ἑαυτοὺς καταλαβόντες, ὀρθωθέντες ἀθρόον ἠρυθρίων κτλ. In dieser Erzählung sind die Eingangsworte unverständlich, denn weder ἐντυχόντες, welches Verb. Heliodor nur in der Bedeutung „zusammentreffen, begegnen" gebraucht, wie z. B. V, 4. p. 126, 25. VII, 25. a. E. VIII, 5. p. 223. 29. 10. p. 234, 1., ist hier angemeszen, noch gibt ἑτέρως einen Sinn. Licht kommt in die Stelle, wenn man zunächst ENTYXONTEC umändert in ENIΔONTEC; demnächst führen die Schluszworte des voraufgehenden Capitels ἐπὶ τὸ φρονεῖν ἐπανήγαγεν mit ziemlicher Sicherheit darauf, dasz man in ἑτέρως einen Ausdruck zu suchen hat, der eine Bezeichnung des wiedergekehrten Bewusztseins enthält, und diesen gewinnt man, glaube ich, mit dem Particip. ἐγρηγορότες. Wegen der 2. Ptcp. vgl. z. B. Long. II, 34, 2. Xen. Eph. V, 13, 4.

II, 8. p. 44, 29: μικρὸν οὖν ἡ Χαρίκλεια διαλιποῦσα καὶ τὴν παρειὰν ὑπὸ τὸ οὖς ἐπικνῶσα, μακαρίζω μὲν, ἔφη, τὴν θρηνηθεῖσαν ὑπὸ Θεαγένους κτλ. Offen bekenne ich die Bedeutung des hier erwähnten Gestus nicht zu verstehen. Sollte sich darin etwa die Verlegenheit kundgeben? Naturgemäsz wäre bei der jungfräulichen Charikleia ein Erröthen. Darum vermuthe ich, dasz in obigen Worten nichts andres verborgen liege als ὑπ' αἰδοῦς ἐρυθριῶσα oder πυρριῶσα nach p. 84, 17.

II, 20, a. E. Von den βουκόλοι wird erzählt, dasz sie ihr Haar wild wachsen laszen εὖ τοῦτο εἰδότες, ὡς κόμη τοὺς μὲν ἐρωτικοὺς ἱλαρωτέρους, τοὺς δὲ λῃστρικοὺς φοβερωτέρους ἀποδείκνυσιν. Man wird diesen durch den Zusammenhang wenig gerechtfertigten Seitenblick auf die ἐρωτικοί dem Ungeschmack des Romanschreibers zu gute halten müszen und das erste Satzglied gewiszermaszen nur als Folie für das zweite zu betrachten haben; dagegen kommt das verkehrte ἱλαρωτέρους wol nur auf Rechnung der Abschreiber. Allerdings ist das Adjectiv ganz passend zur Bezeichnung des Ausdrucks, der in den Augen und im Antlitz liegt, wie z. B. Xen. Eph. I, 2, 6: ὀφθαλμοὶ γοργοί, φαιδροὶ μὲν ὡς κόρης, φοβεροὶ δὲ ὡς σώφρονος oder Aristaen. I, 10. z. A.: τὸν δὲ νέον ἐκόσμουν ὀφθαλμοὶ φαιδροὶ μὲν ὡς λάγνου,[*] φοβεροὶ δὲ ὡς σώφρονος, womit sich zusammenstellen läszt Anth. X, 56, 9 ff. οὐχ εἴ τις συνάγει τὰς ὀφρύας, οὐδὲ γελῶσα φαίνεται, ὀφθῆναί τ᾽ ἀνδράσιν ἐκτρέπεται, σωφροσύνης τρόπος οὗτος ἐχέγγυος; ἀλλά τις εὕροι μαχλάδα μὲν κρύβδην τὴν πάνυ σεμνοτάτην, τὰς δ᾽ ἱλαρὰς καὶ πᾶσι φιλανθρώπως προσιούσας σώφρονας, κτλ. sowie Aristaen. I. 4. p. 21 — es läszt sich aber doch von der Haartracht kaum sagen, dasz sie die Person geradezu freundlicher mache. Auch erwartet man hier im Gegensatz zu dem abschreckenden Bild einer Räubergestalt die Bezeichnung des anziehenden. Daher, glaube ich, ist ἱλαρωτέρους zu ändern in ἱμερωτέρους. wofür zu vgl. Anth. XVI, 182, 3: εὐλεχῆ Κύπριν ἴδ᾽ ὡς Ἀπελλῆς κάλλος ἱμερώτατον οὐ γραπτὸν ἀλλ᾽ ἔμφυχον ἐξεμάξατο.

II, 26 a. E. bedarf der metrisch und grammatisch anstöszige Vers

ἴχνος ἀειράμενος ἀπ᾽ ἐϋστάχυος παρὰ Νείλου

einer Heilung. Passow (Verm. Schr. p. 140) schlug πανευστάχυος vor, Jacobs dagegen fand Göttlings Vorschag σύ γ᾽ ἐϋστάχυος annehmbarer. Am nächsten liegt meines Erachtens die Annahme, ΑΠ beruhe auf einem gewöhnlichen Lesefehler für ΔΗ.

II, 27. p. 67, 1. οὐχ ὀλίγος δὲ ὁ τοιοῦτος βίος συρρεῖ περὶ τὸν νεὼν τοῦ Πυθίου. Hier ist βίος wol aus ὅμιλος corrumpirt. Wenigstens können Stellen wie IV, 8 ὅλον τὸν τῶν ἀνθρώπων βίον nicht als vollgültige Parallelen gelten.

III, 3. p. 80, 24. προσέβαλλε δέ τι χάριτος τοῖς γινομένοις καὶ ἀνέμου λιγεῖα ῥιπή. Wie das unmittelbar folgende lehrt, ist die Rede von einem gelinden Windhauch;

---

[*] So habe ich geschrieben für die gewöhnliche Lesart καλοῦ, für welche man sich vielleicht auf Aristaen. I, 17 berufen könnte: μὴ σκυθρώπαζε, καλή γε οὖσα, μηδὲ τὰς ὀφρῦς σύναγε· εἰ γὰρ φοβερὰ γένοιο, ἧττον ἴσῃ καλή, wenn nicht der Gegensatz zu σώφρων ein Wort wie λάγνος verlangte. Verfehlt war jedenfalls die Conjectur von Dilthey Cyd. p. 127, welcher im Hinblick auf Xen. Ephes. I, 2, 6. κόρου in Vorschlag brachte. Denn auch das an letztgenannter Stelle stehende κόρης ist höchst bedenklich, da φαιδροὶ ὀφθαλμοί doch nicht ohne weiteres für die κόροι oder κόραι characteristisch sind, wenn auch Anacr. fr. 4, 1 sagt: ὦ παῖ παρθένιον βλέπων, und da überdies, wie schon angedeutet, die σωφροσύνη nicht schlechthin als eine jenen fremde Eigenschaft angesehen werden kann. Sieht man sich nun nach einer Verbeszerung jenes κόρης um, so könnte man vielleicht an Κυθήρης denken, bestimmt durch Anacreont. fr. 16, 12 ff. μέλαν ὄμμα γοργὸν ἔστω, κεκερασμένον γαλήνῃ, τὸ μὲν ἐξ Ἄρηος ἕλκων, τὸ δὲ τῆς καλῆς Κυθήρης, ἵνα τις τὸ μὲν φοβῆται, τὸ δ᾽ ἀπ᾽ ἐλπίδος κρεμᾶται. Allein der Romanschreiber würde wol das mehr prosaische Ἀφροδίτης gewählt haben: vgl. Heliod. III, 17. IV, 18. Darum möchte ich ἐρώσης (Aristaen. I, 28. Long. II, 37, 3) oder ἐρωτικῆς (Aristaen. I, 16. 25. II, 7. 17.) vorziehen, besonders mit Rücksicht auf die Worte bei Xen. Eph. I, 9, 7: οἱ τότε μὲν σοβαροί, νῦν δὲ ἐρωτικοί, obschon φοβερός und σοβαρός allerdings nicht gleichbedeutend sind.

es kann also λιγεῖα nicht richtig sein, da dies Adject. nur zur Bezeichnung einer kräftigen **Brise** verwandt wird, wie sich schon aus Hom. Od. 3, 176 zur Genüge ergibt. **Dagegen** ist λεία ῥιπή der angemeszene Ausdruck, vgl. V, 1. p. 122, 6: ὡς δὲ λείου πνεύματος ἐκ γῆς προσπνεομένου κτλ. Lobeck zu Soph. Ai. 672.

III, 16 g. E. ταῦτα μὲν οὖν θεοῖς τε τοῖς ἄλλοις — ἐπιτετράφθω, οἳ τοῦ ποιεῖν τε καὶ μὴ τὸ κράτος ἔχουσιν. Sollte Heliod. nicht auch hier den eigentlichen term. techn. **gebraucht** und für das handschriftlich überlieferte ΠΟΙΕΙΝ nicht ΤΕΛΕΙΝ geschrieben haben?

IV, 8. p. 107, 14 lesen wir in dem Vermächtnis, welches die königliche Mutter auf die Binde geschrieben: ἣν (ταινίαν) ἀπὸ δακρύων τῶν ἐπὶ σοὶ καὶ αἵματος ἐχάραττον. **Vorstehende** Worte laszen sich unter Annahme eines ἓν διὰ δυοῖν nur von **blutigen Thränen** verstehen, wofür sich ein entsprechender Ausdruck in der Nibel. Not. XVII, **1101** findet: ir vil liehten ougen von leide weinden dô bluot. Aber aus einem Griech. Autor ist mir keine Stelle bekannt, durch welche diese Metapher gesichert würde; denn die Stellen bei Nauck z. Soph. Phil. 695 sowie Aesch. Cho. 105ϡ κἀξ ὀμμάτων στάζουσιν αἷμα δυσφιλές sind andrer Art. Daher bin ich geneigt, einen Fehler im Text anzunehmen, und zwar wird zu schreiben sein: ἀπὸ δακρύων τῶν ἐπὶ σοὶ καὶ οἰμωγῆς oder κλαύματος wofür zahlreiche Parallelstellen sprechen, indem gerade die Griech. Autoren bei Bezeichnung freudiger oder schmerzlicher Empfindungen sinnverwandte Begriffe gern häufen. Hierher gehören Stellen wie Xen. Eph. I, 10, 9: δάκρυα δὴ καὶ οἰμωγή. Eur. Andr. 92: οἷσπερ ἐγκείμεσθ' ἀεὶ θρήνοισι καὶ γόοισι καὶ δακρύμασι. Orest. 204: τό τ' ἐμὸν οἴχεται βίου τὸ πλέον μέρος ἐν στοναχαῖσί τε καὶ γόοισι δάκρυσί τ' ἐννυχίοις. 677: εἴς τε δάκρυα καὶ γόους. Tro. 316: ἐπὶ δάκρυσι καὶ γόοισι. Fr. 577, 2: θρήνων τ' ὀδυρμοὶ δακρύων τ' ἐπίρροαί (nach der auch von Gomperz, Beitr. zur Kritik III. p. 23 gebilligten Verbeszerung von Burges.) Aesch. Pers. 705: κλαυμάτων λήξασα καὶ γόων. Anth. VII, 334, 4: δάκρυσι καὶ στοναχαῖς. Heliod. II, 18 p. 54, 29: δάκρυα καὶ θρήνους. VIII. 7 p. 226, 30: ὀδυρμοῖς καὶ δάκρυσι. Ebenso Eustath. XI, 7, 3; Charit. IV, 3, 5: δάκρυα καὶ στεναγμός. Luc. Jup. trag. 2: οἱ στεναγμοὶ καὶ τὰ δάκρυα. Eustath. VII, 17, 2: ὀδύναι καὶ γόοι καὶ δάκρυα. Aehnlich bei den Lateinern, z. B. Cic. Verr. IV, 50, 110. V, 63, 163. p. Rosc. Am. 9, 24: fletus gemitusque. Verg. Aen. XI, 150: lacrimansque gemensque. Ferner vgl. Eustath. VI, 11, 1: θρήνων καὶ κωκυτῶν. Ebenso §. 5. 15, 5. VIII, 13, 3. 19, 2. X, 10, 1. Ach. Tat. III, 2, 8; Eustath. VI, 11, 2: θρήνοις καὶ στεναγμοῖς. Heliod. V, 34: θρήνων καὶ ὀδυρμῶν. Char. VII, 4, 6: οἰμωγὴ καὶ θρῆνος. Soph. Ant. 883: ἀοιδὰς καὶ γόους. (vgl. Ai. 630: ᾠδὰς θρηνήσει. El. 88: θρήνων ᾠδάς. Eur. Hec. 297: γόων καὶ ὀδυρμάτων θρήνους.) Cic. p. Mil. 5, 13: maeror ac luctus. Mehr Beispiele aus den Tragikern habe ich zusammengestellt Anal. Soph. et Eur. p. 87 sq. Bei Eur. Heracl. 883: στεναγμὸν οἰμωγήν θ' ὁμοῦ, sowie Aesch. Pers. 426: οἰμωγὴ δ' ὁμοῦ κωκύμασιν κατεῖχε κτλ dürfte für οἰμωγή an letzterer Stelle mit Sauppe, an der ersteren mit Wecklein (Eur. Stud. p. 379) εὐχωλή zu schreiben sein. Ganz in derselben Weise liehten die Griechen die Häufung der bezüglichen Verba. Vgl. Lucian. dial. meretr. 11, 1: δακρύων καὶ στένων. Xen. Eph. II, 8, 1: ἔστενεν ἔκλαεν. I, 16, 6 u. V, 12, 3: ἐδά-

χρυε καὶ ἀνέστενε. Luc. dial. mort. 6, 2: ἔστενε καὶ ὑπεδάκρυε. Xen. Eph. III, **1, 4**:
ἐστέναξε καὶ ἐπεδάκρυσε. Aehnlich III, 2, 13. 8, 1; Luc. dial. mort. 2, 1: οἰμώζωμεν
καὶ στένωμεν. Long. III, 19. 2: οἰμώξεται καὶ κλαύσεται. Xen. Eph. V, 9, 7: ἀνῴμωξε
καὶ ἀνωδύρετο. 10, 10: ὀδύρῃ καὶ θρηνεῖ. 6, 2: ἀνωδύρετο καὶ ἐδάκρυεν. III, **8, 6**:
θρηνοῦσα καὶ ὀδυρομένη. Heliod. VII, 11. p 193, 31: ὀδυρόμενοι καὶ θρηνοῦντες.
I, 25. p. 30, 10: ἐδάκρυέ τε καὶ ἀνώμωζε. Ach. Tat. III, 20, 1: ἔκλαον καὶ ὠδυρόμην.
So auch Xen. Eph. II, 1, 1. V, 5, 5; Eustath. IX, 14, 1: καταθρηνοῦσαν καὶ καταδα-
κρύουσαν. Anth. VII, 335. 5: τί περισσὰ θρηνεῖς,. τί δὲ μάτην ὀδύρεαι; Aristaen. II. 10:
δακρύω καὶ ποτνιῶμαι. Philostr. Heroic. p. 193, 13: κλάοντα καὶ ὀλοφυρόμενον. Heliod.
VIII, 9. p. 229, 12: ὑπεδάκρυσέ τε καὶ ἐστέναξε. Aesch. Prom. 637: τἀποκλαῦσαι κἀ-
ποδύρασθαι τύχας. Sept. 872: κλάω, στένομαι. Soph. Phil. 278: ποῖ' ἐκδακρῦσαι, ποῖ'
ἀποιμῶξαι κακά. El. 804: ἀλγοῦσα κὠδυνωμένη δεινῶς δακρῦσαι κἀπικωκῦσαι δοκεῖ.
Trach. 1200: ἀστένακτος κἀδάκρυτος. Eur. Alc. 173: ἄκλαυστος, ἀστένακτος. Bemerkens-
werth ist übrigens, dasz die Griechen es im allgemeinen vermieden haben, zwei Verba
des „Weinens" zu verbinden; denn auch die Verba θρηνεῖν und κλάειν sind nicht gleichbedeutend, wie man zur Genüge ersieht aus Ach. Tat. III, 11, 1: ταῦτα μὲν οὖν ἐθρήνουν
ἡσυχῇ, κλάειν δὲ οὐκ ἠδυνάμην. Vielmehr verhält sich κλάειν zu θρηνεῖν wie γελᾶν zu χαί-
ρειν. s. Heliod. X, 38. p. 310, 15: γελώντων ἅμα τῶν κλαιόντων καὶ χαιρόντων τῶν
θρηνούντων. Die Ausnahmen hiervon, die mir bisher aufgestoszen sind, Dem. in Mid. 187:
οὐδ' ἂν ἔχοιμι — κλάειν καὶ δακρύειν, ἐφ' οἷς ὑβρίσθην. Adv. Nausim. 27: δακρύειν νυνὶ καὶ κλάειν, und Fragm. trag. adesp. 370: ὡς αἰσχρόν ἐστι καὶ καλῶν γε
σωμάτων [so möchte ich das unmögliche ἀπ' ὀμμάτων verbeszern] κλάον πρόσωπον
καὶ δακρυρροοῦν ὁρᾶν. Gegen den Sprachgebrauch war es daher nicht, wenn Naber
Mnem. n. s. V. p. 220. Xen. Ephes. III, 6, 1 für: ἡ δὲ ἄκουσα καὶ δεδακρυμένη ἐξῄει
schreiben wollte κλάουσα, allein ἄκουσα ist für die nur mit Widerstreben folgende Antheia
ganz angemeszen. Auszerdem wird es noch gesichert durch Ach. Tat. II, 8, 1: κἂν τούτῳ
πόρρωθεν ἰδόντες προσιοῦσαν τὴν θεράπαιναν διελύθημεν, ἐγὼ μὲν ἄκων καὶ λυπού-
μενος, ἡ δ' οὐκ οἶδ' ὅπως und Char. V, 3, 8: ἀλλ' ὁ Διονύσιος μὲν ἄκων καὶ στένων ὑπ' ἄλγους*) τὴν Καλλιρρόην προελθεῖν ἠξίωσεν.

IV. 8. p. 107, 27 finden wir den Ausspruch: τὸ γὰρ ἄδηλον τῆς τύχης ἀνθρώποις
ἄγνωστον, so trivial, dasz man ihn keinem denkenden Autor zutrauen kann. Denn auf
Stellen wie Theophyl. Ep. 22: ὁ μὲν οὖν Ἀλέξανδρος ἅτε δὴ φιλόσοφος ὢν ἐδεδοίκει
τὸ τῆς τύχης ὡς ἔοικεν ἄδηλον kann man sich natürlich nicht berufen. Wol aber
könnte diese Stelle zu der Annahme verleiten, ἄδηλον sei durch irgend ein Versehen in
den Text gekommen und darum zu beseitigen. Indessen gerathener ist es, das überlieferte
zu verbeszern in: τὸ γὰρ μέλλον τῆς τύχης κτλ. Vgl. VI, 7. p. 165, 13: εἰ δὲ ἄδη-
λόν τὸ μέλλον. Anacreontea fr. 36, 19 f. πόθεν οἴδαμεν τὸ μέλλον; ὁ βίος βροτοῖς

---

*) So hat man wol das überlieferte ὑπ' αἰδοῦς zu verbeszern, das Naber, Mnem. n. s. VI, p. 205 in δέους
ändern wollte. Aber ein Seufzen aus Furcht ist ebenso unnatürlich, wie ein Seufzen aus Scham-
gefühl: auf einen andern Begriff als στένων läszt sich aber obiges ὑπ' αἰδοῦς nicht beziehen. Uebrigens
waren ΑΛΓΟΥΣ und ΑΙΔΟΥΣ leicht zu verwechseln.

ἄδηλος. Dieselbe Verwechselung hat Eur. Jon. 1002 stattgefunden τί χρῆμα; μέλλον γάρ τι προσφέρεις ἔπος, wo zu schreiben ist τί χρῆμ'; ἄδηλον γάρ τι κτλ, wie bereits Herwerden bemerkt hat.

IV, 10 z. E. sucht Kalas. die Charikl. für eine eheliche Verbindung günstig zu stimmen mit den Worten: ὃ δὴ καὶ σοὶ βουλομένῃ πιστεύειν ἔξεστι, καὶ τὸ μὲν ἐπιθυμίας αἰσχρὸν ὄνομα διώσασθαι, τὸ δὲ συναφείας ἔννομον συνάλλαγμα προελέσθαι, καὶ εἰς γάμον τρέψαι τὴν νόσον. Naber Mnem. n. s. I. p. 340 glaubte der Stelle mit der Aenderung στρέψαι τὴν νόσον aufzuhelfen. Wäre damit auch möglicher Weise der Form gedient, dem Gedanken gewisz nicht, welcher die Erwähnung der νόσος hier völlig abweist. Schon das unmittelbar voraufgehende führt darauf, dasz für τρέψαι τὴν νόσον zu schreiben sei: τρέψαι τὸν λογισμόν, vgl. Aristaen. I, 5: λογισμὸν ἑτέρωσε παρατρέψω. Plat. Menex. p. 248. C. Rep. III. p. 393. A.

IV, 11. p. 109, 22: ὥσπερ δῆλον ὂν ἢ τὸν πατέρα συνθησόμενον ἢ τὸν ἐμοὶ πολέμιον ἀντιποιησόμενον. Wenn Charikleia V, 30. p. 152. 5 sagt: πρὸ πάντων δὲ {θρηνῶ} – τὴν ἐμοὶ Τραχίνου πολεμίαν εὔνοιαν, so ist dies ganz in der Ordnung, indem sie damit die ihr widerwärtige Zuneigung des Seeräubers bezeichnet. Auch Aristaen. II. 5: καταντικρὺς μὲν γὰρ ὁ νέος ὁ γλυκὺς πολέμιος ἥδιστα μελῳδεῖ ist der adjectivische Zusatz wesentlich, ebenso wie Ovid. Amor. II, 9, 26: usque adeo dulce puella malum est. Aber an unsrer Stelle befremdet das blosze πολέμιος als Bezeichnung des Geliebten in hohem Grade. Mir ist es unzweifelhaft, dasz zu schreiben sei τὸν ἐμοὶ ἐρώμενον.

IV, 11. p. 109, 24. κἀκεῖνος ἑάλωκεν ἀπὸ τῶν ὁμοίων σοι κεκινημένος. Vergleicht man Stellen wie VI, 7. p. 166, 5: τὸν ὑπὸ τῶν ἴσων παθῶν κεκρατημένον, IV, 19 p. 96, 4: ἐδεδούλωτο μὲν γὰρ ὁλοσχερῶς τῷ πάθει, (cl. IV, 4 p. 100, 1 und Parthen. 16, 1), sowie X, 16. p. 289, 10: τὸν σὸν δῆμον κατοπτεύσας ἀπὸ τῶν ἴσων παθῶν κεκινημένον und IV, 21. p. 121, 26: ὥσπερ ἐνὶ πάθει κεκινημένη, so drängt sich einem unwillkürlich der Verdacht auf, dasz es auch an unsrer Stelle ursprünglich hiesz ἀπὸ παθῶν ὁμοίων σοι κεκινημένος oder ἀπ' ἐρώτων ὁμοίων κτλ. cl. VI, 5 a. E.: Χαρικλείᾳ μὲν συγγινώσκωμεν εὖ τὰ ἐρώτων πάθη – νοσούσῃ.

IV, 13. p. 111, 21: ξένου δὲ καὶ ὀθνείου γνήσιον καὶ ἄρχοντα βίον ἀνταλλάξασθαι, σὺν τῷ φιλτάτῳ βασιλεύουσαν. Finden sich auch sonst die Adj. ξένος und ὀθνεῖος mit einander verbunden, wie z. B. Plut. Per. 29, so befremdet das letztere doch hier, wo wir es im Gegensatz zu γνήσιος sehen. Ebenso bildet ἄρχων βίος keinen passenden Gegensatz zu ξένος, ist auch deshalb verdächtig, weil das Leben in königlichem Glanze hinreichend durch das folgende βασιλεύουσαν angedeutet ist. Darum glaube ich, musz für ὀθνείου geschrieben werden νοθείου (s. cp. 9: κεκλήρωτο δὲ θυγατρὸς ὄνομα νόθου ἀποβαλοῦσα τὸ γνήσιον Αἰθιόπων καὶ βασιλειον γένος. Hom. Jl. XI, 102. Eur. Andr. 638. 941 f. Hipp. 962 f. 309. Fr. 142. Soph. fr. 85, 1.), und für ἄρχοντα vielleicht ἐγχώριον.

IV, 17. p. 116, 10: ἐστρατήει δὲ Θεαγένης τὸν ἐρωτικὸν τοῦτον πόλεμον. Es ist die Rede von dem nächtlichen Angriff auf die Wohnung der Charikleia zum Behuf der verabredeten Entführung derselben. Vermuthlich beruht πόλεμον auf bloszem Schreibfehler für στόλον.

IV, 19. p. 118, 31: εἰ — τίς ὁ τὸν βαρὺν τοῦτον ἐπενεγχὼν χίνδυνον ἐγιγνώσχομεν. Unmöglich kann Charikles das ihm widerfahrene Unglück eine Gefahr nennen, ebenso wenig aber auch πόλεμον, wie Hirschig liest, vielmehr ist χυδοιμόν herzustellen; s. Athen. V. p. 216 A: τοιούτου οὖν χυδοιμοῦ καὶ φόβου καταλαβόντος τοὺς Ἀθηναίους. Ebenso schrieb Lucian. de cal. 28 wol ἐπὶ τὸν αὐτὸν χυδοιμὸν ἐχπεπλευχότος und nicht χίνδυνον, wie die codd. bieten; vgl. Luc. bis acc. 10: ἀπωσάμενος χυδοιμὸν τὸν ἐχ τῶν βαρβάρων.

V, 19. p. 141, 15. Der reiche Tyrische Kaufherr sagt bei seiner Bewerbung um die Charikleia: τὴν μὲν γὰρ προῖχα ἀπέχειν ἡγήσομαι πολλὰ τάλαντα καὶ πλοῦτον ὅλον τὴν χόρην. Sonderbar klingt hier der Ausdruck πλοῦτον ὅλον, wofür man ein dem voraufgehenden πολλά entsprechendes Attribut erwartet. Es ist auch nicht unwahrscheinlich, dasz πλοῦτοΝΟΛΟΝ zusammengeschrumpft ist aus πλοῦτοΝΑΦΘΟΝΟΝ d. h. πλοῦτον ἄφθονον. — Dasselbe Adjectiv ist auch herzustellen Luc. amor. 41: καὶ ἄχρι τῶν ποδῶν ἐσχάτων χαταβέβηχεν ὁ ἄφθονος χρυσός für das handschriftliche ἄθλιος. Vgl. Xen. Eph. II, 7, 3: ἐσθῆτάς τε Βαβυλωνίας καὶ χρυσὸν ἄφθονον καὶ ἄργυρον ἐδίδου. Ebenso Plut. Timol. 29, 1; Char. IV, 5, 3: ἔχοντες χρυσίον ἄφθονον. Philostr. ep. 7: χάθηνται τὸν πολὺν χρυσὸν περι- βαλλόμενοι. Und wie hier ΑΦΘΟΝΟC verdrängt ist durch ΑΘΛΙΟC, so auch Anth. XV, 19, 4: Ἀσχληπιάδης ἰατρὸς ἥρπασεν χόρην.

Μετὰ τὴν φθορὰν δὲ τοῦ γάμου τῆς ἁρπαγῆς
ἐχάλεσε πλῆθος εἰς τὸν αὐθέντην γάμον
ἀνδρῶν χορευτῶν καὶ γυναιχῶν ἀθλίων.

Denn mit einer proleptischen Auffaszung des ἀθλίων kann ich mich nicht befreunden. Uebrigens ist auch τῆς ἁρπαγῆς v. 2 nicht ohne Anstosz. Das Epigr. gewinnt entschieden in folgend. Faszung: μετὰ τὴν φθορὰν δὲ τοῦ γάμου τοῦ 'ξ ἁρπαγῆς

ἀνδρῶν χορευτῶν καὶ γυναιχῶν ἄφθονον
ἐχάλεσε πλῆθος εἰς τὸν αὐθέντην γάμον.

Endlich kommt in Betracht Ach. Tat. I, 6, 5: καὶ γὰρ κατεφίλησα, καὶ ἦν τὸ φίλημα ἀληθινόν. Was man unter φίλημα ἀληθινόν zu verstehen habe, ergibt sich deutlich aus III, 18, 1 und Anth. XII, 177, 5. Etwas anderes sind schon die φιλήματα γνήσια bei Aristaen. II, 7. In obiger Stelle ist aber von einem Küszen im Traume die Rede, und deshalb ἀληθινόν unmöglich. Auch hier wird zu schreiben sein ἄφθονον, was der Ueberlieferung näher kommt als ἐλεύθερον, woran man auch denken könnte cl. Ach. Tat. II, 7, 7: καὶ ἐφίλουν ἐλευθερώτερον. Vgl. Xen. Eph. III, 2, 9: καί μοι φίλημα σπάνιον ἐγίνετο.

V, 30. p. 152, 15: ἐμοί τε ὡς πατρὶ τὴν βουλὴν ἐξηγόρευσεν, εἰδότι μὲν αὐτοῦ καὶ πάλαι τὴν ἐπὶ σοὶ μανιώδη χίνησιν. Im Hinblick auf Ach. Tat. I, 17, 4: χλίνεται γὰρ εἰς τὸ ἐρώμενον u. Aristaen. I, 6: πρὸς τὸν ἔρωτα χλίνω dürfte zu schreiben sein: τὴν ἐπὶ σοὶ μανιώδη χλίσιν.

VI, 4. p. 161, 29: ἢ πού με νῦν πολλοῖς τοῖς ὀφθαλμοῖς περισχοπεῖ. Allerdings lesen wir bei Aristaen. I, 27: πολλῷ τῷ ὀφθαλμῷ βλέπει, aber dies wird, wie schon Abresch z. d. St. bemerkt, „de homine arrogante ac confidente" gesagt. Auszerdem ist der Plural ungewöhnlich; dagegen wird zur Bezeichnung des Eifers und der Sehnsucht unendlich oft ὅλοις τοῖς ὀφθαλμοῖς gebraucht z. B. Ach. Tat. III, 8, 7: αὐτὸν ὅλοις τοῖς ὀφθαλμοῖς ἰδεῖν· I, 5, 3. Xen. Eph. I, 3, 2. Besonders ist dies ein Lieblingsausdruck des Eustath., der ihn förmlich zu Tode hetzt. Man vgl. I, 7, 1, 9, 4. 11, 2, II, 2, 3. 5, 2. III, 6, 1. 8, 3. 10, 3. IV, 19, 1. VI, 5, 1. VIII, 1, 1. 15, 1. IX, 11, 1. XI, 13, 1. 17, 4. Ebenso in Verbindung mit χερσίν IV, 21, 2. V, 10, 4. VI, 10, 1. 12, 2. VII, 6, 1. Anth. X, 20, 2. So wird denn auch bei Heliodor ὅλοις τοῖς ὀφθαλμοῖς herzustellen sein.

VI, 9. p. 169, 9: οὐ παύσῃ τῆς ἄγαν ταύτης ἀνοίας; So lautet der an die verzweifelnde Charikl. gerichtete Zuspruch der Kalasiris. Ob aber trotz des voraufgehenden ἐκφρόνως hier ἄνοια das rechte Wort sei, ist mir zweifelhaft, zumal da ihr Zustand im Eingange des Cap. mit ὑπὸ τῆς ἄγαν λύπης gekennzeichnet wird. Dem würde meines Erachtens ἀνίας (s. VII, 23, p. 208, 3. Ach. Tat. I, 9, 1. Char. VI, 3, 7.) oder ἀγωνίας (s. Ach. Tat. V, 27, 1. Luc. amor. 30) mehr entsprechen.

VII, 7. p. 186, 16 ruft Kalas. seinen Söhnen zu: αὐτοῦ στῆτε, καὶ τὴν ἐκ μοιρῶν μανίαν στήσατε, τὸν φύντα καὶ ἔχοντες καὶ αἰδεσθέντες. Da der Vater sie auffordert, ihn nicht wie bisher unbeachtet zu laszen, so scheint für EXONTEC paszender zu sein IΔONTEC.[*]

VII, 10. p. 191, 12: ὦ φιλτάτη, τὸ μὲν βέλος τοὐμὸν ἔγνωκας. Es wird wol ἕλκος herzustellen sein hier wie Aristaen. I, 16 z. A.: οὐδεὶς ἕτερος ἐπίσταται τῆς ἐμῆς καρδίας τὸ βέλος. Vgl. Fritzsche z. Theocr. 11, 15.

VII, 11. p. 193, 12. Auf die Frage der Kybele, wo denn die zwei Fremden ein Unterkommen fänden, antwortet der Tempeldiener: καταγώγιον αὐτοῖς εὐτρεπισθῆναι πλησίον καὶ ἔξω που περὶ τὸν νεὼν ὁ νέος προφήτης ὁ Θύαμις ἐπέστειλε. So hat bereits Bekker die handschr. Lesart πλεῖστον verbeszert, was Naber (Mnem. I. n. s. p. 348.) entgangen ist. Es leidet die Stelle aber noch an einem andern Gebrechen. Man sieht nemlich nicht ein, warum nicht gesagt ist ἔξω που τοῦ νεώ. Jacobs freilich denkt an den Tempelbezirk. Aber von diesem ist sonst nirgends die Rede, vielmehr nur von dem Tempel selbst. Zudem müszte es dann wol heiszen: ἔξω τοῦ περὶ τὸν νεών. Darum halte ich es für wahrscheinlicher, dass nach που der Artikel ὁ ausgefallen sei, so dasz wir nunmehr in ὁ περὶ τὸν νεών eine Apposition zu ὁ Θύαμις gewinnen, welcher damit als „Tempelhüter“ bezeichnet wird. Die anaphorische Form der Apposition wird geschützt durch Stellen wie I, 10. p. 13, 12. Xen. Eph. V, 13, 5.

VII, 16. p. 200, 1: ὃ δὲ τοὺς ἔνδον, ἔφη, ξένους οἵ τινές εἰσιν ἢ πόθεν. Da der Imperativ εἰπέ kaum entbehrlich ist, so wird wol zu lesen sein: ξένους εἰπὲ τίνες εἰσίν. Wie OI fast nicht zu unterscheiden ist von EI, so konnte ΠE leicht vor TI verloren gehen.

VII, 18. p. 202, 1: μεταχέκλησαι ὦ μακάριε πρὸς τῆς δεσποίνης, ἔλεγον, καὶ ὀφθῆναί σε προστετάγμεθα. Während es 17. p. 200, 31 ganz verständlich hiesz: ὀφθῆναι

---

[*] Bei der groszen Aehnlichkeit der Elemente ist eine häufigere Verwechselung dieser Worte leicht erklärlich. So ist bei Dio Chrysost. or. II. pag. 43: εἰ γοῦν τις ἐπεξίοι πάντας, δοκεῖ μοι μηδὲ ἂν δύο ἄνδρας ἔχειν ἐν τῇ πόλει τὸ αὐτὸ φρονοῦντας das Verb. EXEIN nicht in EYPEIN zu ändern, wie neuerdings Cobet Conj. crit. p. 84 vorgeschlagen hat, sondern in IΔEIN. Derselbe Gelehrte hat sich bei der Emendation von Liban. II. p. 140, 5: ὃ δὲ εἴχετο τῇ τέχνῃ τῇ περὶ τὸν ἄργυρον a. a. O. p. 126 in dem Heilmittel vergriffen, indem er meinte, EIXETO sei entstanden aus EIΛKETO. Vielmehr liegt hier weit näher: HΔETO.

τε ὑμᾶς — ἐπινευσάσης („Da sie euch eine Audienz bewilligt hat“), und ebenso VIII, 3.
p. 220, 12: αὐτὸς ἴσθι δέσμιος ἀχθῆναι προστεταγμένος einen klaren Gedanken gibt,
erscheint die obige Wendung als eine Uumöglichkeit. Rohde a. a. O. p. 462. A. 2 ver-
zichtet auf jede Verbeszerung dieses Soloecismus. Indessen fragt es sich doch, ob der
Autor selbst diesen Unsinn verschuldet habe. Heliodor gebraucht zweimal das von Nauck
Mél. II. p. 521—48 eingehend behandelte Verb. εἰσφρέω, nemlich p. 184, 24 und
p. 255, 32, welche letztere Stelle dieser übersehen hat, beidemal in intransitivem Sinne.
Da sich nun bei Hesychius die Glosse findet: εἰσφρῆναι· εἰσάξαι, ἐνεγκεῖν, welche
Nauck p. 533 in εἰσφρεῖναι verbeszert, so dürfte wol die Annahme nicht zu gewagt
erscheinen, obiges καὶ ὀφθῆναί σε sei verdorben aus καὶ εἰσφρεῖναί σε.

VII, 19. p. 203, 26: προδήλως μὲν γὰρ οὐκ ἐξέφαινε τὸ βούλευμα τῆς Ἀρσάκης.
Die Alte kann nicht von Beschlüszen der Herrin reden, sie spricht nur von ihren Wün-
schen; s. VII, 17. p. 201, 3: εἴκειν — τοῖς Ἀρσάκης βουλήμασιν. Ebenso 26. p. 212,
21 u. 30; VIII, 5. p. 224, 14., wo Bekker das handschriftliche βουλεύμασιν bereits geändert
hat, und 6. p. 226, 14. Es ist also auch an unsrer Stelle zu schreiben: τὸ βούλημα.

VII, 20. p. 204, 23: νέος οὕτω καὶ καλὸς καὶ ἀκμαῖος γυναῖκα ὁμοίαν καὶ προσ-
τετηχυῖαν ἀπωθεῖται κτλ. In diesen Worten kann ich an die Richtigkeit des völlig un-
bestimmten, farblosen und überdies den Parallelismus störenden ὁμοίαν nicht glauben.
Erträglich wäre schon ὡραίαν. vermuthlich liegt aber in UMOIAN eine Entstellung aus
ΦΙΛΟΥΣΑΝ vor.

VII, 20. p. 205, 12: ἀξία δ᾽ ἐστὶ παρὰ σοῦ φειδοῦς, εἰς τὰ δίκαια τῶν σῶν πό-
θων οὕτως ἐκμεμηνυῖα. Schwierig ist die Erklärung von δίκαια. An Ansprüche der
Arsake auf die Liebe des Theagenes kann man doch nicht denken, eine andere Deutung
läszt jenes Wort aber nicht zu, und Stellen wie Luc. amor. 51: παιδικοὺς δ᾽ ἔρωτας,
ὅσοι φιλίας ἁγνὰ δίκαια προμνῶνται, μόνης φιλοσοφίας ἔργον ἡγοῦμαι helfen nicht
weiter. Vorübergehend dachte ich an einen Ersatz durch δίκτυα, wofür sich anführen
liesze Soph. fr. 847, 3: ἐν τοῖσιν αὐτοῖς δικτύοις ἁλίσκεται, Philostr. ep. 10: οὕτω
κἀγώ σε ὑπεδεξάμην καὶ φέρω πανταχοῦ τοῖς τῶν ὀμμάτων δικτύοις, (vgl. 11.),
oder Theophyl. ep. 84: ἐρωτικοῖς δικτύοις οὐχ ἑάλως, sowie Heliod. VIII, 2 a. E.:
θυμοῦ καὶ ἐπιθυμίας ἅμα ὥσπερ εἰς ἄρκυς ἐμβεβλημένος und Dicaeog. fr. inc. 1. p.
601 N.: ὅταν δ᾽ ἔρωτος ἐνδεθῶμεν ἄρκυσι, allein das Verb. ἐκμαίνεσθαι verträgt
sich damit schwerlich. Näher läge τὰ γλυκέα, am paszendsten erscheint mir aber τὰ
ἀκμαῖα, da dies zu den Worten derselben Kybele p. 204, 23: νέος οὕτω καὶ καλὸς καὶ
ἀκμαῖος gut stimmt. Ueber d. Gen. bei solchen Pluralia s. Kühner Gr. II. p. 238.

VII, 22. p. 207, 18: ἔκειτο ἐπὶ τῆς εὐνῆς ἑαυτὴν σπαράττουσα. In der Schilderung
derartiger Situationen ist das Zerraufen der Haare stehend, und hierfür das Verb. σπα-
ράττειν besonders oft verwandt worden; vgl. Luc. dial. mer. 9, 2: ἐσπάραττε τότε τὰς κό-
μας καὶ τὰ στέρνα ἐτύπτετο. Char. VII, 1, 5: σπαράξας τὰς τρίχας, τὸ στέρνον ἅμα παίων ἔλεγεν κτλ., 6, 7: μέγα ἀνεκώκυε καὶ τὰς τρίχας ἐσπάραττε. Philostr. im. II, 4. Diese
Manipulation wird wol auch hier gemeint sein, nicht aber ein Zerkratzen des Körpers.
EAYTHN ist demnach jedenfalls nur ein Schreibfehler für XAITHN. — Diese Stelle führt

mich zu Eustath. VI, 11, 1, wo die Beschreibung des schweren Leides und der Aeuszerungen des Schmerzes, welchen die Pantheia nach dem Verschwinden der geliebten Tochter empfindet, folgendermaszen lautet: καὶ παρειὰν αὐλακίζουσα — λίθῳ πλήττουσα τὸ στέρνον, καὶ τὴν κεφαλὴν καταρράσσουσα. Sie entspricht also, ähnlich der Darstellung X, 10, 3, ganz der den Erotikern eigenthümlichen Schmerzensschilderung, nur bleibt selbst bei unserm Scribenten auffällig, dasz, nachdem von dem Zerkr^atzen der Wangen gesprochen ist, eine schwer verständliche Mishandlung des Kopfes erwähnt, insbesondere aber, dasz der Unglücklichen ein Stein in die Hand gegeben wird zum Bearbeiten der Brust, während man das sonst obligate Zerraufen der Haare vermiszt, wofür auszer den oben angeführten Stellen noch verglichen werden kann Heliod. II, 1. p. 39, 16: παίων τὴν κεφαλὴν καὶ τίλλων τὰς τρίχας, wonach auch Eustath. VI, 10, 3 für καὶ τὴν πολιὰν ἀμφοτέραις ΤΙΛΛΟΥΣΑ καὶ ΨΙΛΟΥΣΑ τὴν κεφαλὴν zu schreiben sein wird: καὶ τὴν κεφαλὴν ἀμφοτέραις ΠΛΙΟΥΣΑ καὶ ΤΙΛΛΟΥΣΑ τὴν πολιάν, während Naber Mnem. n. s. I. p. 331 die Worte κ. φ. τ. κ. ganz auswerfen wollte; sowie Anth. V, 287, 5: ἡ δὲ μέγα στονάχησε καὶ ἥλατο, καὶ τὸ πρόσωπον πλῆξε, καὶ εὐπλέκτου βότρυν ἔρηξε κόμης. Diesen Unzuträglichkeiten wird abgeholfen, wenn man τὴν κεφαλὴν καταρράσσουσα verbeszert in τὴν κόμην κατασπαράττουσα und λίθῳ in κονδύλῳ. Vgl. Char. I. 14, 9: κόπτουσα τῇ χειρὶ τὸ στῆθος und Luc. asin. 22: παρθένον κλάουσαν καὶ κατεσπαραγμένην τὴν ἐσθῆτα καὶ τὴν κόμην. Die Aehnlichkeit von ΚΕΦΑΛΗΝ und ΚΟΜΗΝ ist unverkennbar.

VIII, 2. p. 219, 18: κόρης, ὡς οὔτε ὀφθείη πρότερον οὔτε αὖθις δυνήσεται. Allerdings ist die Breviloquenz nicht ungewöhnlich, nach der aus einem verb. fin. ein Infinitiv im beigeordneten oder untergeordneten Satze zu ergänzen ist, wie hier aus ὀφθείη ein ὀφθῆναι zu δυνήσεται. Ganz ebenso III, 4. p. 81, 24: οὔτε πρότερόν τι τοιοῦτον χαλκευσάμενος, οὔτε αὖθις δυνησόμενος. Mehr Beispiele bieten Krüger Gr. §. 62. 4. 1. u. Kühner Gr. II. p. 1078. Indessen jene 2 Stellen sind ihrem Inhalte nach doch nicht gleich, sofern in dem zweiten Falle die Möglichkeit ein Kunstwerk hervorzubringen, von menschlicher Kraft abhängt, dieselbe also geleugnet werden kann, im ersten dagegen die Möglichkeit, dasz eine derartige Erscheinung wieder einmal auftritt, nicht ohne weiteres in Abrede gestellt werden kann. Daher erscheint das δυνήσεται an unsrer Stelle weniger angemeszen. So lesen wir denn auch bei einem ganz analogen Gedanken V, 9 a. E: ἐγχωρῶν σοι τηλικοῦτον δῶρον τῷ κοινῷ δεσπότῃ προσάγειν, οἷον ἡ βασίλειος αὐλὴ κόσμον οὔτε πρότερον εἶδεν εὖτε αὖθις ὄψετατ. Dem entsprechend dürfte an obiger Stelle ΔΥΝΗΣΕΤΑΙ für ΓΕΝΗΣΕΤΑΙ auf einem Versehen der Abschreiber beruhen; γενήσεται kann nemlich als synonym mit ὀφθήσεται gelten.

VIII, 5. p. 222, 28: καὶ αὐλῆς τῆς ἡμετέρας ὡς ὅτι τάχιστα καὶ ἑκὼν μεθίστασο, μὴ δὴ λάθῃς καὶ ἄκων μεθιστάμενος. Verkehrt ist hier das Verb. λανθάνειν, denn ohne es zu merken kann Thyamis doch nicht aus der Königsburg entfernt werden. Angemeszen wäre φθάνῃς, aber ich möchte vorziehen: μὴ δὴ μάθῃς κτλ. d. h. „damit du nicht die Erfahrung machst, unfreiwillig hinausgeworfen zu werden." Vgl. Soph. Ant. 960: κεῖνος ἐπέγνω μανίαις ψαύων τὸν θεὸν ἐν κερτομίοις γλώσσαις. Stallb. zu

Plat. Rep. VIII. p. 569. A. — Dieselbe Corruptel liegt auch vor
Anth. VII, 123, 3 sq.: οὐκ ἐρέω δ᾽ ὅτι σαυτὸν ἑκὼν βάλες ἐς ῥόον Αἴτνης,
                ἀλλὰ λαθεῖν ἐθέλων ἔμπεσες οὐκ ἐθέλων.
In diesem Epigr. auf den Empedokles bleibt nemlich λαθεῖν dunkel. Diog. Laert. wollte
wol sagen, Wiszbegierde babe jenen an den Krater getrieben, wobei er verunglückt
sei. Uebrigens ist auch ῥόον Αἴτνης v. 3 bedenklich; ich schlage folgende Faszung vor:
                οὐκ ἐρέω δ᾽, ὅτι σαυτὸν ἑκὼν βάλες ἐς στόμι᾽ Αἴτνης,
                ἀλλὰ μαθεῖν ἐθέλων ἔμπεσες οὐκ ἐθέλων.

VIII, 5. p. 223, 26: μεγάλην εἰς πειθὼ κέκτηται πρὸς ἄνδρας ἴυγγα τὰ γυναικεῖα
καὶ σύνοικα βλέμματα. Unbegreiflicher Weise hat man das Adj. σύνοικα bisher nicht
beanstandet, obschon es ganz sinnlos ist. Wenn Jacobs übersetzt: „in dem gewohn-
ten Blick seiner Frau,“ so hat er nicht bedacht, dasz Heliodor für diesen Gedanken wol
συνήθη verwandt haben würde; auszerdem wäre die Betonung des gewöhnlichen nicht
einmal angemeszen, da darin ein besonderes Reizmittel gerade nicht liegt. Auch die
Uebersetzung bei Hirschig: „familiares“ bat nur den Werth eines nicht eben glück-
lich gewählten Nothbehelfs. Das ursprüngliche gewinnt man durch Hinzufügung eines
kleinen Strichs; σύνοικα ist nemlich zu verbeszern in εὐνοϊκά.*) Uebrigens ist καί wol
als Dittogr. zu beseitigen. — Umgekehrt ist Char. VII, 5, 8 in den Worten des Aegyp-
tiers, die derselbe an Chaireas richtet: ἔχεις τριήρεις Αἰγυπτίας, μείζονας καὶ πλείο-
νας τῶν Σικελικῶν für das auch von Naber Mnem. n. s. VI. p. 206 als unhaltbar erkannte ἔχεις nicht ἔχε nach §. 9 u. I, 14, 3, sondern σχές zu schreiben. — Ganz ebenso haben wir Aelian. v. h. II, 41: καὶ Ἴωνα δὲ τὸν Χῖον — καὶ αὐτόν φασι περὶ τὸν
οἶνον ἀκρατῶς ἔχειν für das letztere, weil sonst nur Praeterita stehen, σχεῖν herzustellen.

VIII, 9. p. 232, 31: ὑπὸ τοῦ μὴ ἐμπεπρῆσθαι αὐτὴν ἴσως εἰς ἔλεον ἀπατώμενοι.
Den Gebrauch des Verb. ἀπατᾶσθαι berührt D'Orville zu Char. p. 502, und sagt richtig: non solum significat ab alio decipi, sed a se ipso, atque adeo falso putare,
imaginari. So steht es in dem Sinne „sich einbilden, wähnen“ mit dem Infin. praes.
Heliod. I, 15. p. 20, 3 und Char. V, 10, 6; mit dem inf. fut. zugleich mit dem Zusatz
von μάτην, also entsprechend dem von mir in der Abh. de ubert. orat. Soph. II. p.
7 sq. erörterten Sprachgebrauch, VII, 23. p. 208, 9; mit dem acc. und infin. V, 8. p.
131, 3., mit dem dopp. Accus. III, 16. p. 93, 1., endlich in der Bedeutung: irrthüm-
lich verleitet werden mit dem Inf. praes. II, 8. p. 45, 3. Nirgends findet man aber obige
Prägnanz ἀπατᾶσθαι εἴς τι. Daher glaube ich, dasz entweder εἰς als Dittogr. von ὡς
zu beseitigen und für ἔλεον zu schreiben sei ἐλεεῖν, oder aber dasz in ἀπατώμενοι
eine Corruptel von παραγόμενοι vorliege.

VIII, 11. p. 235, 22: καὶ σωτηρίαν ἐμαυτῆς ἐπαγομένη τότε μὲν ἠγνόουν. Dieser
Ausdruck ist fehlerhaft, weil die Betonung der eignen Rettung einen ungerechtfertigten

---

*) So ist auch wol Orac. Sibyll. XI, 193:
                αὐτὸς δ᾽ αὖ πέσεται ὑπὸ δουροφόρου κακοβούλου,
                ζήσας ἐν Συρίᾳ ἡγούμενος οἷά περ οὐδείς.
nicht mit A. Ludwich N. Jahrb. 117. p. 244: ζῆσαι ἐν ἡσυχίᾳ, sondern ἐν εὐροίᾳ zu verbeszern.

Gegensatz denken läszt. Die Charikl. kann und will nur sagen, sie habe nicht geahnt, dasz sie ihr Rettungsmittel bei sich selbst getragen habe. Es ist also folgende Emendation unerläszlich: σωτηρίαν ἅμ' ἐμαυτῇ κτλ. Wie leicht ἅμ' nach αν und vor ἐμ ausfiel, lehrt der Augenschein.

III. Zu Longus.

I, 10, 3: ποτὲ δὲ ἐκοινώνουν γάλακτος καὶ οἴνου καὶ τροφάς, ἃς οἴκοθεν ἔφερον, εἰς κοινὸν ἔφερον. Schon Brunck nahm an dem wiederholten ἔφερον Anstosz; Geel vermuthete ἔφαγον, ohne zu beachten, dasz ein Imperf. nothwendig ist. Mir ist auch die Wendung εἰς κοινὸν φέρειν bedenklich, deren Bedeutung: „zum gemeinsamen Wohle beitragen" (s. Luc. Prom. 14) sich für den vorliegenden Gedanken weniger eignet, wo speciell von gemeinsamer Mahlzeit die Rede ist. Was Long. geschrieben haben mag, lehrt Ach. Tat. II, 33, 1: ὥστε εἰς μέσον καταθέμενοι ἃ εἴχομεν, τὸ ἄριστον ἐκοινοῦμεν. Demnach ist zu emendiren: τροφάς, ἃς οἴκοθεν ἔφερον, ἐκοίνουν ἀμφότεροι.

I, 11, 1: Λύκαινα τρέφουσα σκύμνους νέους ἐκ τῶν πλησίον ἀγρῶν ἐξ ἄλλων ποιμνίων πολλάκις ἥρπαζε κτλ. In diesem Text vermiszt man zunächst das Object zu ἥρπαζε. Weniger ins Gewicht fällt das Bedenken Nabers, welcher Mnem. n. s. V, p. 206 νέους neben σκύμνους tautologisch findet und, weil von einer πολλὴ τροφή im folgenden die Rede ist, die die Wölfin nöthig habe, auf den Gedanken verfallen ist, σκύμνους συχνούς in Vorschlag zu bringen; als ob sich die Nothwendigkeit, für reichliche Nahrung zu sorgen, nicht eben schon aus der Thatsache ergäbe, dasz die Alte Junge mit zu ernähren hat. Zudem kann νέους in keiner Weise befremden, da derartige Pleonasmen bekanntlich keine Seltenheit sind; ich erinnere an Ausdrücke, wie νέος παῖς, worüber Stallb. z. Plat. Legg. I. p. 645. E.; παῖς κόρη Theoph. com. fr. 11, 6 (3, 631); παρθένος κόρη Eustath. I, 9, 3; νέα παρθένος Pind. Pyth. 10, 91. Fr. trag. adesp. 9, 1. Com. anon. fr. 341 (4, 673); νέα ἥβη Eur. Alc. 471; νεάνιδες ἥβαι Jon. 477; ἀρχαῖος γέρων El. 287, 853; οἱ γέροντες οἱ παλαιοί Ar. Ach. 676., γέροντες πρεσβύται Aristaen. ep. I, 1; γραῦς παλαιή Anth. VII, 457, 5. Hecker comm. crit. de Anth. gr. p. 35; γυναῖκες θήλειαι Eur. Or. 1205. Ameis z. Hom. Od. 12, 386. Anh. p. 211; θήλειαι κόραι Plat. Legg. VI. p. 764. D. u. das. Stallb.; ἄρρενες ταῦροι Babr. 52, 1; ἀκτήμων πενία Theocr. 16, 33. αἰχμάλωτοι ἁλόντες Heliod. VIII, 16. p. 243, 9. Phalar. ep. 7. Lobeck Paral. p. 531. φθιμένων θανόντων Eur. Suppl. 45, 975; νεκροὶ θανόντες Jb. 524; κείμενοι νεκροί Eur. Hel. 1605. Heliod. VI, 12. p. 172, 18. u. mehr dergl. de ub. orat. Soph. II. p. 2. u. bei Wichert Lat. Stillehre p. 500. Uebrigens liesze sich auch noch geltend machen, dasz mit νέοι σκύμνοι ausdrücklich solche Junge bezeichnet werden sollten, die für ihre Nahrung noch auf die Mutter angewiesen sind. Genug an diesem Ausdruck ist nichts zu tadeln. Dagegen kann das Verb. ἥρπαζε das Object nicht miszen. Villoison wollte zu diesem Zwecke πολλά vor πολλάκις einschieben, noch weiter ging Haupt, welcher Hermes VII, 297 vorschlug: ἐξ ἄλλων ἄλλοτε ποίμνια πολλὰ πολλάκις ἥρπαζε. Indessen so gewaltsamer Mittel bedarf es nicht; in πολλάκις liegt πολλὰς οἷς verborgen.

I, 14, 2: πόσοι βάτοι με [πολλάκις] ἤμυξαν, καὶ οὐκ ἔκλαυσα· πόσαι μέλιτται κέντρον ἐνῆκαν, ἀλλὰ ἔφαγον. Wie Hercher mit Rücksicht auf das verherrschende Streben des Long. nach Symmetrie πολλάκις gestrichen hat, so ist auch jedenfalls mit Naber Mnem. n. s. V. p. 206 für ἀλλά ein καὶ οὐκ herzustellen; dagegen hat der letztere mit seinem ἔφυγον für das absurde ἔφαγον schwerlich das richtige getroffen. Was der cod. Flor. bot, läszt sich leider nicht mehr erkennen, da diese Worte zu der Partie des cod. gehören, die durch den pöbelhaften Streich des Franzosen Courier für alle Zeit vernichtet ist; s. Cobet Var. Lect. p. 174. Aber die Handschrift wird gewiszermaszen ersetzt durch Ach. Tat. II, 7, 1: καί τις ἐξαίφνης μέλιττά ποθεν ἐπιπτᾶσα τῆς Κλειοῦς ἐπάταξε τὴν χεῖρα. Καὶ ἡ μὲν ἀνέκραγεν κτλ. Auch Longus wird nemlich geschrieben haben: καὶ οὐκ ἔκραγον, oder vielmehr ἀνέκραγον, so dasz wir dann in ΑΛΛΑ die Entstellung der ersten Silbe des Compositums zu sehen hätten.

I, 16, 5: μέμνησο δέ, ὦ παρθένε, ὅτι σε ποίμνιον ἔθρεψεν, ἀλλὰ καὶ εἰ καλή. Um diesem Gedanken aufzuhelfen, schlug G. Hermann bei Seiler vor, καὶ σέ zu schreiben; ebenso später Cobet V. L. p. 177, welcher auch καὶ ὡς εἰ καλή empfahl, wie bereits vor ihm Seiler. Beides hat Hercher aufgenommen, wogegen Hirschig καὶ σὺ εἰ καλή vorzog. Jedenfalls ist jenes καὶ σέ unerläszlich, im folgenden scheint der Fehler aber in ἀλλά zu liegen, wofür ich schreiben möchte: ἔθρεψε νέαν, καὶ εἰ καλή. Das Particip. οὖσαν wird der Kenner dieser Autoren nicht vermiszen.

I, 21. 2. Von den Hunden, welche über den Dorkon im Wolfsfelle herfallen, heiszt es: καὶ περισχόντες, πρὶν ὅλως ἀναστῆναι δι' ἔκπληξιν, ἔδακνον κατὰ τοῦ δέρματος. Darnach sollte man meinen, Dorkon habe bereits Anstalt gemacht sich zu erheben, und doch ist vorher nur erwähnt, dasz er sich bewegte (κινούμενον — πρὸς τὴν ἐπίθεσιν), und gleich nachher heiszt es: τέως μὲν οὖν — ἔκειτο σιωπῶν ἐν τῇ λόχμῃ. Daraus schliesze ich, dasz ΟΛΩΣ verschrieben sei für ΟΡΘΟΝ, vgl. Aristaen. I, 26: ὁ δὲ δῆμος ἀνέστηκέ τε ὀρθὸς ὑπὸ θαύματος. Theocr. 15, 53: ὀρθὸς ἀνέστα ὁ πυρρός. Eur. Phoen. 1460: ἀνῇξε δ' ὀρθὸς λαὸς εἰς ἔριν λόγων. — Zweifelhaft kann man sein über Eustath. VIII, 1, wo erzählt wird, dasz Hysminias aus süszem Schlummer erwacht, in dem ihm ein Traumbild seine dem Meergotte geopferte Hysmine vorgegaukelt hat; vergeblich sucht er die geliebte Gestalt, dagegen schreckt ihn ein andrer Anblick; eine Masse Aethiopier sieht er, οὓς ἰδών, — so lautet sein Bericht, — ὅλος ἐξανέστην εὐθὺς καὶ ἤθελον ὄναρ ἰδεῖν. Mit Rücksicht auf die Eingangsworte des Capitels ἀναστὰς τῶν ὑπνων läszt sich nun allerdings an ein jetzt erfolgendes völliges Erheben des Hysm. denken. Indessen der Situation angemeszener ist wol ein ὅλος ἐξέστην, wodurch sein Entsetzen ausgedrückt würde. Man berufe sich nicht auf IV, 24, 4: ὅλος ἀνέστην ὑπότρομος, wo ὅλος zum Adject. gehört, ebenso wie VI, 10, 2: ὅλος ἦν ἐκπεπληγμένος καὶ ἐνεὸς ἑστώς. Dagegen s. III, 2, 1: ξυναπέπτη δέ μου καὶ ὁ ὕπνος εὐθύς, καὶ τεθορυβημένος ὅλος ἀνεπήδησα τῆς στρωμνῆς καὶ ἤμην ὅλος ἐξεστηκώς, ὅλος ὅλον κατὰ νοῦν ἑλίττων τὸν ὄνειρον, eine Stelle, die für die Holomanie des albernen Scribenten characteristisch ist; Aristaen. I, 5. p. 26. z. E.: ἐξέστην, ὁμολογῶ. 7. p. 33: ὅλος ἐξέστην ἐκπλαγεὶς κτλ. Boisson z. Arist. p. 323 sq.

I, 22, 2. Von den Schafen und Ziegen heiszt es: ἐπεπαίδευντο καὶ φωνῇ πείθεσθαι

καὶ σύριγγι θέλγεσθαι καὶ χειρὸς πλαταγῇ συλλέγεσθαι. In Berücksichtigung des bei
Long. unverkennbaren Strebens nach Conformität (s. Hercher zu p. 245, 26) kann man zwei-
feln, ob ΣΥΛΛΕΓΕΣΘΑΙ von ihm herrühre, und nicht vielmehr ΣΥΝΕΓΕΣΘΑΙ zu schreiben
sei; cf. I, 29, 2: ἐπαίδευσα τὰς βοῦς ἤχῳ σύριγγος ἀκολουθεῖν. Dio Chrys. I. p. 084. R.

I, 22, 3: καὶ μόλις ὥσπερ λαγὼς ἐκ τῶν ἰχνῶν εὑρίσκοντες εἰς τὰς ἐπαύλεις ἤγα-
γον. Undenkbar, dasz sie die verscheuchten Ziegen und Schafe an den Spuren auf-
fanden, wie Hasen, deren Spur im Schnee oder auf weichem Ackerfelde, sicherlich
nicht auf einer solchen Trift wahrnehmbar ist. Es liegt der Ueberlieferung jedenfalls ein
böser Lesefehler zu Grunde, indem ὥσπερλαγὼς entstanden ist aus ἐσπαρμένας. Ob
auch der Ausfall eines ΑΥΤΑΣ nach den in λαγώς entstellten Endsilben des Ptcp. anzunehmen sei, bleibe dahingestellt.

I, 22, 3: τῆς ἐρωτικῆς λύπης φάρμακον τὸν κάματον ἔσχον. Die Liebe der beiden
äuszerte sich aber nicht nur in Trauer; s. 13, 6: νῦν ἐγέλα νῦν ἔκλαεν und 22, 4:
ἔχαιρον ἰδόντες, ἀπαλλαγέντες ἤλγουν. Es war vielmehr die Unruhe ihrer Herzen, die
sie für gewöhnlich nicht schlafen liesz. Dieselbe Verwechselung, die anerkannt II, 8, 1,
höchst wahrscheinlich IV, 17, 1 stattgefunden hat (s. Cobet V. L. p. 181), wird man also wol auch an obiger Stelle vorauszusetzen und demnach zu schreiben haben: τῆς
ἐρωτικῆς λύττης. Vgl. Plat. Legg. VIII. p. 839. A.: λύττης δὲ ἐρωτικῆς καὶ μανίας. Ob
auch Ausfall eines

I, 23, 2: εἴκασεν ἄν τις — τὰ μῆλα ἐρῶντα πίπτειν χαμαὶ κτλ. Dasz Amyots Auffaszung: on eût dit, que les pommes amoureuses se laissaient tomber par terre," nicht
haltbar sei, fühlte bereits Boden, dessen Bedenken durch Villoison nicht gehoben sind.
Denn von Liebeslust ist hier durchaus nicht die Rede, vielmehr soll die sommerliche
Wonne, die auch die Natur theile, geschildert werden; der Gedanke gipfelt so zu sagen
in dem Worte §. 1: καὶ πάντα ἐν ἀκμῇ. Dies zeigt sich auch bei den μῆλα, die deshalb nicht ΕΡΩΝΤΑ vom Sophisten genannt wurden, sondern ΟΡΓΩΝΤΑ. Denn ὀργᾶν
ist der eigentl. Ausdruck für das in der Sonnenhitze sich vollziehende Anschwellen
und Reifen der Früchte; vgl. Hdt. IV, 199: πρῶτα μὲν γὰρ τὰ παραθαλάσσια τῶν καρ-
πῶν ὀργᾷ ἀμᾶσθαί τε καὶ τρυγᾶσθαι, u. a. E. καὶ ὁ ἐν τῇ κατυπερτάτῃ τῆς γῆς πε-
παίνεταί τε καὶ ὀργᾷ. Xen. Oecon. 19, 19: διδάσκει [ἡ ἄμπελος] τρυγᾶν ἑαυτήν, ὥσπερ τὰ σῦκα συκάζουσι, τὸ ὀργῶν ἀεί. Hesych. v. δηλοῖ δὲ καὶ τὸ ἀκμάζειν. Aehnlich
wird auch οἰδᾶν gebraucht, s. Plut. mor. p. 734. E.[*]) —

I, 30, 3: ὁ δὲ Δάφνις ἀνυπόδητος, ὡς ἐν πεδίῳ νέμων, καὶ ἡμίγυμνος. Den Erklä-
rungsgrund dafür, dasz Daphnis barfusz war, könnte man sich gefallen laszen, wenn der
gewöhnliche Weideplatz wirklich nur eine weiche Rasenfläche gewesen wäre. Als Weide-

---

[*]) So läszt sich vielleicht auch Soph. fr. 362: πρῶτον μὲν ὄψει λευκὸν ἀνθοῦντα στάχυν,
                                              ἔπειτα φοινίξαντα γογγύλον μόρον,
                                              ἔπειτα γῆρας λαμβάνεις Αἰγύπτιον.
zu Hilfe kommen. Zunächst hat man wol v. 3 mit Herwerden Mnem. n. s. VI. p. 281: λαμβάνει σφ'
Αἰγ. zu schreiben. Dann befremdet das in demselben v. wiederholte ἔπειτα. Erinnert man sich nun der
Worte des Hygin. fab. 136, auf welche Bergk hingewiesen hat: nam primum album est, deinde rubrum,
cum permaturuit nigrum, so wird man dahin geführt, auch in ΕΠΕΙΤΑ eine Entstellung von ΟΡΓΩΝ-
ΤΑ zu vermuthen.

platz wird allerdings das πεδίον öfter genannt, z. B. II, 2, 4. 13, 2. 21, 2. 22, 4; aber
es' werden auch, wie nicht anders zu erwarten, bergige Partieen erwähnt, die ja die
Ziegen besonders lieben (vgl. II, 28, 3), z. B. II, 13, 4: αἱ δὲ τὰ ὀρεινὰ καταλιποῦσαι.
16, 2: κατεδίωξαν αὐτὰς ἐκ τῶν ὀρῶν καὶ τῶν πεδίων ἐπὶ τὴν θάλατταν. Es werden χρημνοί als Aufenthaltsorte der Ziegen genannt I, 10, 1, und ὄρη neben den
πεδία auch I, 11, 2, sowie πέτραι I, 22, 2. Obiges ὡς ἐν πεδίῳ νέμων steht also im
Widerspruch mit den sonstigen Angaben des Sophisten selbst. Mir steht es fest, dasz
ΕΝΠΕΔΙΩΙ nur auf einem Versehen beruht für ΑΙΠΟΛΙΟΝ. Dies Wort findet sich im
Sinne von Ziegenheerde bei Long. noch I, 7 2. 12, 5. II, 39, 4. 5. IV, 6, 1. Ebenso
z. B. Alciphr. III, 12, 2. Luc. tyr. 3, während es für Ziegenweide Long. IV, 13, 5. 16,
1 steht. Was nun den Sinn des durch diese Emendation gewonnenen Erklärungsgrundes
betrifft, so wollte Long. damit auf die tiefere Stellung der Ziegenhirten hinweisen, worüber zu vgl. Long. I, 16, 1: ἐγώ, παρθένε, μείζων εἰμὶ Δάφνιδος, κἀγὼ μὲν βουκό-
λος, ὁ δ᾽ αἰπόλος. Xen. Eph. II, 9, 2: τὴν δὲ Ἄνθειαν οἰκέτῃ συνουσιάζειν ἐνενόει
καὶ ταῦτα τῶν ἀτιμοτάτων, αἰπόλῳ τινὶ ἀγροίκῳ.

II, 1, 4.: πᾶσα γὰρ [ἡ] κατὰ τὴν Λέσβον ἄμπελος ταπεινή, κτλ. steht in offenbarem
Widerspruche mit den unmittelbar vorausgehenden Worten: τὰς ταπεινοτέρας ἀπε-
τρύγα, worauf bereits Brunck aufmerksam machte, der diesen Zusatz „une petite ah-
surdité“ nannte. Nimmt man noch die Notiz in der Beschreibung des Parkes, IV, 2, 2
hinzu: ἑτέρωθι ἄμπελον ὑψηλήν, so wird es wahrscheinlich, dasz der ganze Para-
graph von πᾶσα bis λελυμένος ein Zusatz späterer Hand sei.

II, 4, 4: In der Erzählung von dem Eros sagt Philetas: καὶ ὤμνυον κατὰ τῶν μύρτων ἀφήσειν. Dasz diese Worte verunstaltet sind, bedarf keines näheren Nachweises.
Ein Schwur κατὰ τῶν μύρτων ist reiner Unsinn. Naber a. a. O. p. 211 glaubte mit κατὰ τῶν Νυμφῶν*) das richtige herzustellen, allein dies Wort weicht so weit von der
Ueberlieferung ab,⁻würde auch, da dieser Schwur gerade häufiger vorkommt, schwerlich
eine solche Entstellung erfahren haben; ὤμνυονΝΚΑΤΑΤΩΝΜΥΡΤΩΝ ist wol nichts als
eine Corruptel aus ΑΚΕΡΑΙΟΝΑΥΤΟΝ, also ὤμνυον ἀκέραιον αὐτόν, oder was vielleicht
noch näher liegt, aus ΠΑΙΔΙΟΝΑΛΥΠΟΝ d. h. παιδίον ἄλυπον ἀφήσειν. vgl. I, 30, 5.

II, 6, 1. Vom Eros erzählt Philetas: εἶδον αὐτοῦ καὶ πτέρυγας ἐκ τῶν ὤμων καὶ
τοξάρια μεταξὺ τῶν πτερύγων καὶ τῶν ὤμων καὶ οὐκέτι εἶδον οὔτε ταῦτα οὔτε αὐτόν. So leicht auch die Worte καὶ τῶν ὤμων aus einer Dittographie hervorgegangen
sein können, zumal da der Paris. ἐκ τ. ὤμ., wie in der vorausgehenden Zeile bietet, kann
ich mich doch nicht mit Hercher für eine Streichung derselben entscheiden, da der sich

---

*) Wenn Hysmin. von dem Park seines gastlichen Wirths Eustath. II, 1, 1. sagt: ἦν γὰρ ἀγαθῶν χωρίον
ὁ κῆπος καὶ θεῶν δάπεδον καὶ ὅλως χάρις καὶ ἡδονή κτλ., so ist das erste Prädikat nahezu nichtssagend
und namentlich neben dem sogleich folgenden θεῶν δάπεδον so nüchtern und farblos, dasz wir eine
Verderbnis des Textes voraussetzen dürfen. Vergleicht man die überschwängliche Beschreibung des Eros-
bildes 7, 3, insbesondere die Worte θεῶν ἄγαλμα, εἴδωλον Διός, so wird man geneigt, auch hier einen
ähnlichen Parallelismus zu ,suchen. Vermuthlich ist ΑΓΑΘΩΝ verderbt aus ΝΥΜΦΩΝ, wofür auch Aristaen. I, 3 spricht, wo der ἐρωτικὸς παράδεισος ebenfalls Νυμφῶν τὸ χωρίον genannt wird. In ähn-
licher Weise schwankt bei Long. IV, 36, 1 die Ueberlieferung zwischen προΝΟΙΑΙΘΕΩΝ und προνοίᾳ
ΝΥΜΦΩΝ.

mit καὶ οὐκέτι anschlieszende Gedanke zu unvermittelt sich anreiht, als dasz man in den verdächtigen Worten nicht die Spuren eines Ausdrucks suchen sollte, der die vermiszte Verbindung enthielt. Vielleicht liegt darin verborgen: καὶ μετ' ὀλίγον ἐγὼ οὐκέτι κτλ.

II, 9, 2. Daphnis klagt, das φιλεῖν habe stattgefunden, auch das περιβαλεῖν, beides aber ohne Befriedigung zu gewähren; es bleibe somit das dritte übrig, was Philetas empfohlen: πειρατέον καὶ τούτου· πάντως ἐν αὐτῷ τι κρεῖττόν ἐστι φιλήματος. Es ist klar, dasz Long. schrieb: φιλήματος καὶ περιβολῆς. Vgl. III, 13, 3. 14, 2. 20, 1. Auch IV, 6, 3 sind beide Begriffe verbunden.

II, 14, 4: οἱ δὲ ἀντείχοντο σκληροὶ γέροντες καὶ χεῖρας ἐκ γεωργικῶν ἔργων ἰσχυ-
• ρὰς ἔχοντες. Schon der von Long. mit Vorliebe erstrebte Parallelismus empfiehlt: γέ-
ροντες ὄντες. Dasz die Alten aber an dieser Form der Parechesis keinen Anstosz nahmen, ersieht man aus vielen Beispielen. So findet sich dasselbe γέροντες ὄντες Eur. Bacch. 189; γέροντας ὄντας Ar. Ach. 222. Plut. 258; γέροντα ὄντα Lys. XX, 35; γέρων ὤν Soph. fr. 240, 1. Ar. Vesp. 1192. Dahin gehört ferner Aesch. Cho. 848: ἠ-
κούσαμεν μέν, Eur. fr. 564: ἀλλ' ἄλλος ἄλλοις μᾶλλον ἥδεται τρόποις. Heliod. 14, 12 (110, 16): ἐγὼ λέγω. Bekanntlich sind die Lateiner nicht ängstlicher gewesen; man denke nur, abgesehen von Ciceros Leistung: o fortunatam natam me consule Romam, an Cic. fr. bei Quint. IX, 4, 41: res mihi invisae visae sunt. Off. I, 18, 61: pleniore ore. De or. I, 1, 2: maximae moles molestiarum. S. Lobeck zu Soph. Ai. 61. Beier z. Cic. Off. I, 18, 61. p. 143. Seyffert z. Cic. Lael. 21, 79. p. 473. Jordan zu Cic. p. Caec. §. 6 p. 149. Dasz bei derartigen Gleichklängen die Flüchtigkeit der Abschreiber oft durch Auslaszung oder Dittographie gleichlautender Silben gesündigt hat, ist ja leicht erklärlich. So verbessert Cobet Mnem. n. s. VI. p. 161. Plut. Fab. 23, 5 πάλαι χαλεπὸν αὐτοῖς richtig in χαλεπὸν ὄν. — In gleicher Weise empfiehlt es sich, Long. III, 33, 3: πολλὰ δὲ μῆλα, τὰ μὲν ἤδη πεπτωκότα κάτω, τὰ δὲ ἔτι ἐπὶ τῶν φυτ ΩΝ·
ΤΑ ἐπὶ κτλ. in Berücksichtigung des erwähnten Strebens nach Conformität zu schreiben: ἐπὶ τῶν φυτῶν ὄντα· τὰ ἐπὶ κτλ. — Derselbe Parallelismus wird IV, 18, 3: ἀλλὰ καὶ ὅτι εὗρον ἐκκείμενον ἐρῶ, καὶ ὅπως τρεφόμενον μηνύσω, καὶ ὅσα εὗρον συνεκκείμενα δείξω hergestellt, wenn wir nach τρεφόμΕΝΟΝ ein ΕΙΔΟΝ einschalten. vgl. II, 21, 2. — Ebenso scheint III, 33, 4, wo von dem einen Apfel. der auf dem Baume hangen geblieben, gesprochen wird, und es heiszt: ἔδεισεν ὁ τρυγῶν ἀνελθεῖν, ἠμέλησε καθελεῖν·
τάχα δὲ καὶ ἐφύλαττε τὸ καλὸν μῆλον ἐρωτικῷ ποιμένι, der Gedanke zu verlangen: ἢ ἠμέλησε κτλ. Denn es ist von zwei verschiedenen Möglichkeiten die Rede, denen sich eine dritte mit τάχα δέ anschlieszt. — Nicht minder sicher ist, dasz Char. V, 9, 6, wo die Königin, nachdem der Termin der königlichen Entscheidung, wie vorher 8, 9. erwähnt, um fünf Tage hinausgeschoben ist, die sich zudrängenden Damen mit den Worten: ἔχομεν δὲ ἡμέρας καὶ βλέπειν καὶ ἀκούειν καὶ λαλεῖν vertröstet, hinter δέ ein ε΄, das Zahlzeichen für 5, abhanden gekommen ist. Nichts fällt ja in den Handschriften leichter aus, als gerade diese Zeichen. — Hieran knüpfe ich Char. VI, 7, 8: ζῶσα κατεχώσθην·
παντὸς δεσμωτηρίου τάφος ἐστὶ στενώτερος, wo eine Verbindung mit παντὸς δὲ δεσ-
μωτηρίου fast als zwingende Nothwendigkeit erscheint. Uebrigens krankt diese Stelle

noch an einem andern Gebrechen. Die Enge kann nemlich schwerlich als etwas besonders abschreckendes angesehen werden. Viel eher liesze man sich ein ΕΡΗΜΟΤΕΡΟΣ
gefallen, wofür auch sprechen würde I, 14, 6: ἰδοὺ — ἄλλος τάφος, ἐν ᾧ Θήρων με
κατέχλεισεν, ἐρημότερος ἐκείνου μᾶλλον. Aber auch die Betonung der Einsamkeit nnd
Verlaszenheit genügt noch nicht allseitig; am wahrscheinlichsten ist mir eine Corruptel
des ΣΤΕΝΩΤΕΡΟΣ aus ΣΤΥΓΝΟΤΕΡΟΣ. Vgl. Anth. VII, 180, 2: δοῦλος ἐγὼ στυγνὸν
ἔπλησα τάφον. — Ferner vermiszt man in der Beschreibung des Prometheusbildes bei
Ach. Tat. III, 8, 4, wo es dem Autor darauf ankommt, die Naturwahrheit der Darstellung
hervorzuheben, in den Worten: ἠλέησας ἂν ὡς ἀλγοῦσαν τὴν γραφήν vor dem Artikel
ein Wörtchen wie καί, was auch Hercher eingeschoben hat; vgl. Philostr. imag. II, 4.
Näher liegt jedoch die Annahme, dasz es ursprünglich hiesz: ἀλγοῦσΑΝ ΑΥΤΗΝ ΤΗΝ
γραφήν. — Ebenso ergibt der Gedanke bei Xen. Eph. I, 2, 7: ἦσαν ποιχλαι παρὰ τῶν
θεωμένων φωναί, τῶν μὲν ὑπ᾽ ἐκπλήξεως τὴν θεὸν εἶναι λεγόντων, τῶν δὲ ἄλλην τι-
νὰ ὑπὸ τῆς θεοῦ περιποιημένην von selbst die Nothwendigkeit, zu verbeszern: αὐτὴν
τὴν θεὸν εἶναι κτλ. — Aehnlich steht's mit Char. II, 3, 8: λαλούσης δὲ αὐτῆς ἡ φωνὴ
τῷ Διονυσίῳ θεία τις ἐφάνη. Denn da bemerkt ist, dasz schon die äuszere Erscheinung
der Kalirrhoë auf den Dionys. einen so gewaltigen Eindruck gemacht habe, dasz er sie
für ein überirdisches Wesen erklärte, und nun hinzugefügt wird, dasz ihre Stimme diesen Wahn noch bestärkt habe, musz es nothwendig heiszen: λαλούσης δὲ αὐτῆς, αὐ-
τὴ ἡ φωνὴ oder καὶ ἡ φωνὴ κτλ. Die Zusammenstellung von αὐτῆς αὐτή würde
ebenso wenig anstöszig sein, wie bei Luc. Prom. 16 αὐτῷ αὐτῆς. — Weiter schreibt Hercher Ach. Tat. V, 3, 2: συντίθησιν ἐπιβουλήν, λῃστῶν ὁμοτέχνων [χεῖρα] συγκροτήσας,
schiebt also ein χεῖρα ein, um das regierende Subst. zu den voraufgehenden Genetiven
zu gewinnen; nur vergriff er sich in der Wahl des Wortes. Achilles T. schrieb vielmehr
ὁμοτΕΧΝΩΝ ΟΧΛΟΝ, s. VIII, 16, 5: ὁ δὲ λοιπὸς τῶν λῃστῶν ὄχλος. — Auf demselben
Wege ist zu verbeszern Xen. Ephes. II, 4, 5: ἔχω μέν, φησίν, Ἀβροχόμη, τὴν εὔνοιαν
τὴν σὴν καὶ στέργεσθαι διαφερόντως ὑπὸ σοῦ πεπίστευκα. Während nemlich Peerlkamp für ἔχω ein δέχομαι vorschlug, empfiehlt sich weit mehr folgendes: ἐγὼ μέν —
τὴν εὐνΟΙΑΝ ΟΙΔΑ τὴν σήν. — Bei demselben Xen. Eph. I, 10, 10 vermiszt man in
den Worten: εἰ δὲ ἄλλο συμβαίη ein ΤΙ, welches nicht mit Tresling und Hercher nach
ἄλλο einzusetzen ist, sondern nach 'συμβαίΗ, wo es um so leichter zu übersehen war,
als ein Τ folgt. — Wenn wir endlich bei Eustath. VIII, 16, 2 lesen: τὴν ψυχὴν εἶχον
καὶ φωνὴν καὶ γλῶσσαν καὶ δάκρυα, und damit Stellen zusammenhalten, wie VI, 8, 1:
ὦ τήνδε μου γλῶτταν ἐπέχει τὸ δάκρυον. XI, 2, 2: καὶ ἡ γλῶσσα ἐπείχετο. IX, 11,
3: καὶ ὅλην ἐπέχει μου τὴν φωνήν. Charit. IV, I, 6: ἐπέσχε τὴν σπουδήν. III. 8, 9:
ἔτι βουλομένῃ λέγειν ἐπέσχε τὰ δάκρυα. Xen. Ephes. I, 11, 1: ἔτι λέγοντα ἐξιόντα
ἐπέσχε τὰ δάκρυα. Liban. T. IV. p. 1072, 14: ἐβουλόμην ἀφιέναι φωνήν, ἀλλ᾽ ἐπεῖ-
χε ταύτην αἰδώς. Eur. Hel. 1642: ἐπίσχες ὀργάς, so werden wir kein Bedenken tragen zu verbeszern: τὴν λυγὴν (?) ἐπεῖχον κτλ.; ΕΓ ist verloren gegangen vor dem folgenden ΕΙ. — Umgekehrt sind Dittographieen zu beseitigen z. B. Xen. Eph. III, 11, 5: ἡ
δὲ ἔτι παρὰ Ψάμμιδι ἦν φρουρουμένη, wo das sinnlose ἔτι seinen Ursprung dem vor-

aufgebenden Є und folgenden Π zu verdanken haben mag, obgleich es auch nicht unmöglich ist, dasz eine Verwechselung von ἔτι und ἀεί vorliegt. — Zuversichtlicher trete ich bei Aelian. ep. 11: ἐγὼ δὲ αὐτὸν ὑποδέδοικα καίτοι παρόντα ὄντα für die Beseitigung des störenden ὄντα ein und glaube, dasz nach καίτοι ein οὐ einzufügen sei. — Ebenso ist der Parallelismus der Glieder gestört Theophyl. ep. 25: τὸ μὲν γὰρ δακρύων ἀρχή, τὸ δὲ τῶν ἀνιώντων κατάλυσις. Er wird hergestellt, wenn wir ἀνιῶν schreiben, unter der Voraussetzung, dasz TΩN Dittogr. sei von IΩN. — Endlich ist es wol nicht räthlich Plut. Pericl. 10: πῶς ἂν οὖν τις Ἰδομενεῖ πιστεύσειε κατηγοροῦντι τοῦ Περικλέους ὡς τὸν δημαγωγὸν Ἐφιάλτην φίλον γενόμενον καὶ κοινωνὸν ὄντα τῆς ἐν τῇ πολιτείᾳ προαιρέσεως δολοφονήσαντος mit Cobet Mnem. n. s. VI, p. 155 das „participium molestum" ὄντα einfach zu streichen; wahrscheinlich ist κοινωνὸν ὄντα nichts als κοινωνοῦντα. Doch zurück zu Longus!

II, 16, 3: καὶ τίς πιστεύσει νοῦν ἔχων, ὅτι τοσαῦτα φέρουσα ναῦς πεῖσμα εἶχε λόγον; Dies klingt so, als ob Daphnis leugnete, dasz das Fahrzeug mit λόγος am Ufer befestigt gewesen wäre; und doch gestand er dies zu, wie das unmittelbar vorhergehende zeigt. Long. wird also wol geschrieben haben: ὅτι τοσαῦτα ἔφερε ναῦς πεῖσμα ἔχουσα λόγον.*) — Denselben Weg könnte man vielleicht einzuschlagen geneigt sein zur Verbeszerung

---

*) Wir begegnen hier einer Gattung von Textenstellungen, die nicht selten ist. Vgl. Nauck Eur. Stud. I. p. 120 und Mél. III. p. 42. So liest man z. B. Jambl. Dram. 21. p. 229, 31: ἐθίσας εἵλκυσεν, während der Ven. ἐλκύσας εὔθισεν bietet. Im Hinblick auf derartige Fehler in den codd. habe ich auch Eur. fr. 379, 1 emendirt νῦν δ᾽ ἦν τις οἰκῇ πλουσίαν φάτνην ἔχων (Anal. Soph. et Eur. p. 39 sq.); sowie Zopyr. fr. p. 648. N.: μηδεὶς ἄπειρος τῶν ἐμῶν εἴη φίλων ἔρωτος, εὐτυχοῖ δὲ τὸν θεὸν λαβών (a. a. O. p. 49), wofür ich hier noch nachtrage Eur. fr. 466, 4: εὐτυχεῖ κακὸν λαβών, Fr. 1043, 1: εὐτυχεῖ γάμον λαβών und Men. mon. 614: μακάριος ὅστις εὐτυχεῖ γενναῖος ὤν. — Ein gleiches Heilverfahren haben wir auch anzuwenden Anth. Pal. VII, 465: ἁ κόνις ἀρτίσκαπτος, ἐπὶ στάλας δὲ μετώπων
σείονται φύλλων ἡμιθαλεῖς στέφανοι·
γράμμα διακρίναντες, ὁδοιπόρε, πέτρον ἴδωμεν,
λευρὰ περιστέλλειν ὀστέα φατὶ τίνος.
Es ergeht also die Aufforderung an den Wandrer, die Inschrift auf der στήλη zu lesen und zu dem Zweck den Stein zu betrachten, nicht aber ist das letztere die Hauptsache und jenes nur etwas Nebensächliches. Demnach hat man v. 3. zu verbessern: γράμμα διακρίνωμεν, ὁδοιπόρε, πέτρον ἰδόντες. — Dasz auch bei Eur. Herc. 66 für ἧς μακραὶ λόγχαι πέρι, πηδῶσ᾽ ἔρωτι σώματ᾽ εἰς εὐδαίμονα zu lesen sei πηδᾶν ἐρῶσι, sah bereits Schenkl de aliquot ʃoo. Eur. Herc. 1874. p. 11. — Daran knüpfe ich schlieszlich eine kurze Besprechung von
Soph. Trach. 196: τὸ γὰρ ποθοῦν ἕκαστος ἐκμαθεῖν θέλων
οὐκ ἂν μεθεῖτο, πρὶν καθ᾽ ἡδονὴν κλύειν.
Bekanntlich gehört diese Stelle zu denen, die ihrer Heilung noch harren; vor Jahren habe auch ich mich an ihr versucht N. Jahrb. Bd. 89. p. 23, ohne, wie ich später selbst erkannte, mit meinem Vorschlage τὰ ποθεῖν᾽ dem Schaden wesentlich abzuhelfen. Jetzt glaube ich aber eine sichere Emendation bieten zu können. Der Fehler ist nemlich augenscheinlich daraus erwachsen, dasz die Worte ποθοῦν und θέλων ihren Platz getauscht und im Zusammenhange hiermit eine Entstellung erfahren haben. Der Dichter schrieb unzweifelhaft: τὰ γὰρ φίλων ἕκαστος ἐκμαθεῖν ποθῶν κτλ.
Sei es nun, dasz ΦΙΛΩΝ fälschlich ΘΕΛΩΝ gelesen wurde und in Folge davon ans Ende gerieth, indem man meinte, in ποθῶν, was man für ein ποθοῦν ansah, den erforderlichen Begriff zum Artikel zu gewinnen, sei es, dasz diese Veränderung erst nach der Umstellung eintrat: jedenfalls ist der Gedanke jetzt ein untadeliger, und die vollzogene Correctur um so weniger gewaltsam, als bekanntlich θέλω und φιλῶ sehr oft verwechselt werden (s. N. Jahrb. Bd. 89, p. 326. Mnem. n. s. II. p. 334). Wegen des Gedankens endlich vgl. Eur. Hel. 763: πόθος δέ τις τὰ τῶν φίλων φίλοισιν αἰσθέσθαι κακά, besonders aber die Schilderung bei Lycurg g. Leocr. §. 40: ὁρᾶν δ᾽ ἦν ἐπὶ μὲν τῶν θυρῶν γυναῖκας ἐλευθέρας περιφόβους κατεπτηχυίας καὶ πυνθανομένας, εἰ ζῶσι, τὰς μὲν ὑπὲρ ἀνδρός, τὰς δ᾽ ὑπὲρ πατρός, τὰς δ᾽ ὑπὲρ ἀδελφῶν κτλ., wo Rehdantz noch Liv. XXII, 7, 7 und XXVI, 9, 7 vergleicht.

IV, 22, 3, wo von der Flucht des Daphnis die Rede. ist, und es heiszt: καὶ ἴσως τὸ καινότατον, εὑρεθεὶς ἀπωλώλει Δάφνις. Wir würden nemlich in einem εὑρέθη ὀλωλώς jedenfalls einen sinngemäszen Ausdruck gewinnen; vielleicht ist aber hier näherliegend vorzuziehen: ὁρμηθεὶς ἀπωλώλει.

II, 17, 3: καὶ ταχὺ μὲν ἀφαιροῦνται τὸν Δάφνιν ἤδη καὶ αὐτὸν μαχόμενον. Dem danken entschieden angemeszener wäre ἀπομαχόμενον.

II, 19, 2: κατηγοροῦντες τῶν Μυτιληναίων, ὡς τὴν ναῦν ἀφελομένων καὶ τὰ χρή- τα διαρπασάντων πολέμου νόμῳ. Wären die Mytilen. wirklich nach „Kriegsrecht" fahren, so lag für die Methymn. kein Grund zur Beschwerde vor. Deshalb kann πο- ιου νόμῳ nicht richtig sein. Paszend ist dagegen πολεμίοις ὅμοιον, wofür zu vergl. 26, 3: ὁ τέττιξ — ἐπήχησεν ὅμοιον ἱκέτῃ. IV, 8, 2: θρηνούσαις ὅμοιον und Charit. 2, 2: μαρμαρυγῇ τινι ὅμοιον ἀπολάμπων. Ebenso wird ὅμοια gebraucht z. B. Plut. ιεm. 31, 2, Tit. 5, 2; cf. Krüger z. Thuc. I, 25, 4. — Diese Vertauschung von πόλεμος ιd πολέμιος kommt übrigens öfter vor, z. B. Charit. VII, 1, 10, wo für βασιλεῖ δὲ ὁ ἱλεμος ἀπαντήσει καὶ πρὸ τοῦ διαβῆναι τὸν Εὐφράτην jedenfalls πολέμιος herzu- ellen ist (vgl. 5, 9: ἀπήντα τοῖς πολεμίοις). Ebenso 2, 9, wo es von der Sicherheit ʼr Stadt Tyros heiszt: πανταχόθεν οὖν αὐτοῖς τὸν πόλεμον ἀποκλεῖσαι ῥᾴδιον. Dasz ιch hier πολέμιον zu schreiben sei, lehren die sogleich folgenden Worte: τὴν μὲν εζὴν στρατιὰν ἐκ τῆς θαλάσσης κτλ. — Ferner musz es auch 4, 13 sicherlich heiszen: πεὶ δὲ — μέχρις Εὐφράτου τὰς πόλεις κατείληφει ὁ πολέμιος für das überlieferte πό- ξμος. Dasz aber der Gebrauch des Singul. dem Char. nicht fremd ist, zeigt VII, 4, 11: ρῶν τὸν πολέμιον ἀντίπαλον. — Endlich erwähne ich noch Luc. de calumn. 9, wo von en Verleumdern gesprochen wird, gegen deren versteckte Angriffe man schutzlos sei: ις μηδὲ ἀντιτάξασθαι δυνατὸν εἶναι μηδὲ ἀνταγωνίσασθαι, ἀλλ' ἐν ἀπορίᾳ καὶ ἀγνοίᾳ οὗ πολεμίου διαφθείρεσθαι. Auch hier ist πολεμίου durch den Zuhammenhang, beson- lers durch den Schlusz des Capitels geboten.

II, 21, 3. Daphnis, so wird erzählt, lief nach dem Verschwinden seiner Chloë bald iierhin, bald ἐπὶ τὰς Νύμφας, ἐφ' ἃς ἑλκομένη κατέφυγεν. Dasz die Emendation διω- ιομένη κατέφυγεν eine sichere ist, ergibt sich aus 20, 3: διωκομένη καταφεύγει.

II, 22, 3: Χλόη δὲ λοιπὸν πόλιν οἰκήσει. Diese Aussicht allein kann den Daphn. kaum so tief schmerzen; er beklagt die Chloë vielmehr als eine αἰχμάλωτος (§. 4), und aus den Trostworten der Nymphe 23, 3 geht hervor, dasz auch Daphn. wol der δουλεία gedacht hat. Deshalb halte ich es für wahrscheinlich, dasz nach Χλόη δέ ein δούλη ausgefallen ist.

II, 23, 2: Χλόης γὰρ ἡμῖν μᾶλλον μέλει ἢ σοί. Ἡμεῖς τοι καὶ παιδίον οὖσαν αὐτὴν ἠλεήσαμεν καὶ ἐν τῷδε τῷ ἄντρῳ κειμένην αὐτὴν ἀνεθρέψαμεν. Ἐκείνη πεδίοις κοινὸν οὐδέν. Καὶ νῦν δὲ ἡμῖν πεφρόντισται τὸ κατ' ἐκείνην, ὡς κτλ. Mit gutem Grunde hat Hercher die auf οὐδέν folgenden Worte καὶ τοῖς προβατίοις τοῦ Δάμωνος, die den Stempel der Interpolation an der Stirn tragen, gestrichen. Im Uebrigen kommen die codd. wenig zu Hilfe, da sich neben ἐκείνη πεδίοις nur noch findet ἐκεῖ . . δίοις. Dasz diese Worte aber sehr corrupt sind, ist zweifellos; auch in der von Hercher ge- gebenen Form unterbrechen sie den Gedankengang in einer zu eclatanten Weise; der-

selbe erheischt entschieden die Versicherung wahrhaft mütterlicher Liebe zu dem v
früher Jugend auf in treue Pflege genommenen Kinde. Und diesen Gedanken kann m
auch ohne übermäszige Kühnheit aus den überlieferten Schriftzügen herausschälen. Z
vörderst finde ich nemlich in πεδίοις den Rest von παιδίῳ ἰδίῳ, in den Elementen Κ(
ΝΟΝΟΥΔΕΝ aber ΟΜΟΙΟΝΦΙΛΟΥΜΕΝ, indem ΟΝΟΥΔΕΝ sich fast ganz mit ΦΙΛΟΥΜΙ
deckt und unter der Voraussetzung, dasz die Silbe ΟΝ fälschlich nur einmal geschrieb
wurde, ein ΚΟΙΝΟΝ übrig bleibt, welches auch sonst für ΟΜΟΙΟΝ verschrieben word
ist; s. Jacobs z. Achill. Tat. II, 27. p. 570. So würde denn das Ganze lauten: ἐκείν:
παιδίῳ ἰδίῳ ὅμοιον φιλοῦμεν. Ueber ὅμοιον s. p. 22.

II, 23, 4: καὶ ἔπεισι τοῖς Μηθυμναίοις οὐκ ἀγαθὸς πολέμιος. So die Nymphe üb
den Pan. Für ἀγαθός sollte man eher ein ἀγανός erwarten. Aber im Hinblick auf ε
Beschreibung des sich später entwickelnden Kampfes scheint es mir geboten, οὐκ ἀγ
θός zu ändern in οὐ θεατός. Vgl. 26, 4.

II, 26, 4: καὶ ἐπὶ τὰ ὅπλα ἔθεον καὶ πολεμίους ἐκάλουν τοὺς οὐ βλεπομένοι
Es bedarf keines besonderen Scharfsinns, um zu erkennen, dasz ἐκάλουν fehlerhaft s
Bei der so häufigen Verwechselung von κ und β wird es nicht als eine gewaltsar
Aenderung bezeichnet werden können, wenn wir ἔβαλλον verbeszern. Ueber den Gebrau
dieses Verb. s. Soph. Trach. [709. Thuc. VII, 84, 1; 4; Xen. Anab. III, 4, 49. V, 7, 1
Plut. Nic. 27, 3. Anacreontea 12, 12. 33, 16. Anth. XII, 45, 1. Heliod. V, 27. p. 147, 1
IX, 5. p. 250, 10. Theophyl. ep. 36.

II, 32, 1: καὶ ἥλλετο κοῦφα, βαδίζων ὥσπερ ἔριφος. So heiszt es vom Tityros, de
jüngsten Sohne des Philetas. Klingt es nicht aber nahezu komisch, dasz von dem Kin
gesagt wird, es sei gegangen wie ein Bock, während doch gerade ἄλλεσθαι das f
die Bezeichnung der thierischen Bewegung geeignete Verb. ist? Dasz ἥλλετο κοῦφα z
sammengehören, sieht man aus I, 9, 2; man kann daher κοῦφα βαδίζων nicht gut dur
Kommata abtrennen. Somit bleibt nur übrig, die Worte folgendermaszen zu ordnen: κ
βαδίζων ἥλλετο κοῦφα ὥσπερ ἔριφος.

II, 33, 3: ἐπηγγείλατο — ἀφηγήσεσθαι μῦθον, ὃν αὐτῷ Σικελὸς αἰπόλος ᾖσεν ἐ
μισθῷ τράγῳ καὶ σύριγγι. In diesen Worten ist μισθῷ jedenfalls als Glosse zu str
chen; s. III, 25, 2: ἐπὶ μήλοις καὶ ῥόδοις. Vgl. Kühner Gr. II, p. 435.

II, 34, 2: ὁρμᾷ διώκειν πρὸς βίαν· ἡ Σύριγξ ἔφευγε καὶ τὸν Πᾶνα καὶ τὴν βίο
Da ein διώκειν undenkbar ist vor einem φεύγειν des andern, διώκειν aber schwerli
im Sinne von ἐπιχειρεῖν (Heliod. I, 25. p. 30, 30) steht, so vermuthe ich, dasz zu ve
beszern sei: ὁρμᾷ διοχλεῖν, was ebenso gebraucht ist III, 20, 1; noch üblicher zur B
zeichnung derartiger Angriffe war ἐνοχλεῖν, s. II, 39, 3. Ach. Tat. I, 17, 3. Luc. dii
mer. 4, 2. Dio Chrys. or. IV. p. 153. R.

II, 35, 3: κατ' ὀλίγον δὲ τῆς βίας ἀφαιρῶν εἰς τὸ τερπνότερον μετέβαλλε τὸ μ
λος, und §. 4: τερπνὸν ἦν τὸ ποιμνίων, μέγα τὸ βοῶν, ὀξὺ τὸ αἰγῶν. Gewisz soll ni
gesagt werden, dasz nur die erste Spielart lieblich klang, zumal da ein Fortespiel ebe
so wenig wie eine kräftige Stimme das τερπνόν ausschlieszt (cfr. Anth. VII, 597, 1:
γλυκερὸν μέλψασα καὶ ἄλκιμον), und ebenso ersieht man aus §. 3, dasz die Mod

tion beim Aufwand geringerer Kraft nur als eine sanftere, feinere gekennzeichnet erden sollte. Daher wird §. 3 λεπτότερον und §. 4 λεπτόν herzustellen sein, ein dject., welches ja so häufig in dem hier erforderlichen Sinne gebraucht wird. Vgl. Hom. ι. 18, 571: λίνον δ᾽ ὑπὸ καλὸν ἄειδεν λεπταλέῃ φωνῇ. Eur. fr. 775, 21: μέλπει δ᾽ ν δένδρεσι λεπτὰν ἀηδὼν ἁρμονίαν. Aristaen. I, 3: ἡ τοῦ ζεφύρου πνοή, τὸ χαλεπὸν μα παραμυθουμένη τῆς ὥρας, λεπτὸν ᾆσμα [wie ich für ἅμα lesen möchte] καὶ πνηλὸν ἐνηχοῦσα. Luc. adv. indoct. 9: ᾄδειν δὲ ἄρχεται ἀπόμουσόν τι καὶ λεπτόν (cl. lercul. 5: ἄμουσον καὶ ἀσθενές). Anonym. bei Suid. v. τρομερός. Ach. Tat. III, 17, 6. leliod. I, 2. p. 5, 5. Char. I, 9, 5. Luc. eun. 7. Necrom. 21.

II. 38, 2: ὥστε ἐνέπλησαν ἕως νυκτὸς ἀλλήλους. Die bisher in Vorschlag gebrachten Verbeszerungen des unzulänglichen ἐνέπλησαν genügen nicht. Es mag wol ΕΝΕΠΛΗΣΑΝ entstanden sein aus ΣΥΝΕΠΑΙΞΑΝ, wozu natürlich ἀλλήλοις treten musz. Die Verwechselung ag ziemlich nahe, zumal da Σ und Ξ nicht selten vertauscht' worden, und ἐν und σύν n den codd. vielfach nicht zu unterscheiden sind; s. Cobet V. L. p. 199. Ueber das Verb. συμπαίζειν vgl. II, 34, 1. Arist. Av. 1098. Xen. Conv. 9, 2. Ach. Tat. I, 6, 5. Philostr. ep. 55. Alciphr. fr. 6, 13. Anth. V, 158, 1. Naeke Choer. p. 245.

II, 39, 5. Chloë, nicht zufriedengestellt durch den ersten Liebesschwur bei Pan, verlangt von dem Daphnis einen zweiten. Da heiszt es denn: ἥδετο ὁ Δάφνις ἀπιστούμενος. Jst dies natürlich? Soll sich D. über den Zweifel an seiner Zuverläszigkeit freuen? ich meine, die Zumuthung eines zweiten Schwures muszte ihn im Gegentheil unangenehm berühren. Es wird Long. wol auch nicht ΗΔΕΤΟ, sondern ΗΧΘΕΤΟ geschrieben haben. Nun bildet auch das folgende: ἡ δὲ ἔχαιρε einen guten Gegensatz. Dasz die Liebe unter Umständen auch empfindlich sein kann, beweist das Verhalten der Chloë, als D. sich nicht zurückhalten läszt, auf den Baum zu klettern III, 34, 1.

II, 39, 6: ἡ δὲ ἔχαιρε καὶ ἐπίστευεν ὡς κόρη καὶ νέμουσα καὶ νομίζουσα κτλ. Die Worte καὶ νέμουσα streicht Hercher nach dem Vorgange Cobets (V. L. p. 180), was jedenfalls beszer ist, als mit Hirschig λέγουσα zu schreiben. Indessen vielleicht braucht blosz καί zu fallen, wenn man aus ΝΕΜΟΥΣΑ ein ΝΕΑ ΟΥΣΑ herstellt. Hierin würde eine Andeutung der Naivetät liegen, vgl. I, 32, 5. III, 18, 1.

III, 7, 2: ἀλγήσας ὁ Δρύας — ξύλον ἀράμενος ἐδίωκε κατ᾽ ἴχνος ὥσπερ κύων. Dasz Dryas Schmerz empfunden haben soll über seine vom Hunde ihm gestohlene Fleischportion, klingt doch zu komisch. Im Aerger läuft er dem Räuber nach, und zwar nicht ὥσπερ κύων, denn das würde der Lächerlichkeit die Krone aufsetzen; solchen Unsinn kann Long. unmöglich geschrieben haben; er verfolgt ihn auch nicht ὥσπερ λύκον nach Couriers Vorschlag, indem zu einem derartigen Vergleiche die Situation keine Veranlaszung bietet; noch viel weniger ὡς εἶχεν. wie die gewaltsame Correctur Nabers Mnem. n. s. V. p. 213 lautet: ᾐein Long. schrieb: ἀγανακτήσας ὁ Δρύας — ἐδίωκε κατ᾽ ἴχνος εἰς περ[ιοί]κιον. Dies Wort ist allerdings bei L. sonst nicht nachweisbar, wol aber περίχηπος IV, 19. 4. 28, 2. 29, 4. — Und wie hier, so ist jedenfalls I, 17, 2: Δόρκων μὲν οὖν ἀγανακτήσας ἀπέδραμε herzustellen anstatt des überlieferten ἀλγήσας. Denn Aerger, veranlaszt durch Eifersucht, ist wol bei solchen Enttäuschungen na-

türlicher als Schmerz. — Dagegen liegt in der überlieferten Lesart bei Ach. Tat. V
1, 5: *καὶ ὁ μὲν ἐπὶ τῇ πληγῇ μαλακὸν ἀναχραγών* vielleicht *μάλ' ἀλγῶν*, sich
nicht das blosze *μάλ'* wie Cobet meinte und Hirschig drucken liesz, auch nicht *μά
ἄχων*, was Hercher vorzog; denn wie dies in den Zusammenhang paszen soll, versteh
ich nicht. Ueber die zusammentretenden Ptcpia s. Long. II, 34, 2. Kühner Gr. II. §. 49
2. Uebrigens wäre auch eine Corruptel aus *μανιχόν* nicht unmöglich, da *ΜΑΛΑΚ(*
sich von *ΜΑΝΙΚΟΝ* kaum unterscheiden läszt.

III, 11, 2: *ἔστ' ἂν ὁ χειμὼν μένῃ καὶ ὁ κιττὸς μὴ λείπῃ*. Der Par. bietet *λιπ*
Sollte nicht für *ΛΕΙΠΗΙ* zu schreiben sein *ΛΗΓΗΙ*? Vgl. Anth. V, 74, 6: *ἀνθεῖς καὶ λ
γεις καὶ σὺ καὶ ὁ στέφανος*, cl. Plat. Conv. p. 183. E.

III, 13, 3: *οἱ δὲ καὶ νέοι καὶ σφριγῶντες καὶ πολὺν ἤδη χρόνον ἔρωτα ζητοῦντ
κτλ*. Aber die Liebe brauchten sie nicht erst zu suchen; darum schlug schon Valck
naer *ἔρωτος ἔργα* vor, was neuerdings auch Naber Mnem. n. s. IV, p. 347 wied
empfohlen hat, (s. I, 15, 1. 4. 18, 3. III, 14, 5. u. 17, 2; Schwabe z. Musae. 141.). Kär
es jedoch darauf an, überhaupt einen derartigen Sinn herzustellen, so läge es näher
ἐρωτικά zu denken, cl. Eustath. III, 7, 7: *καί τι πάσχειν ἐρωτικὸν ἐζήτουν*. IV, 22,
V, 3, 2. VII, 17, 9. Aristaen. I, 21., oder *ἔρωτα* in *ἔργα* zu ändern, was ja völlig gen
gen würde (s. Heliod. I, 15, p. 21, 5. Ach. Tat. I, 9, 4. 5. II, 37, 5. V, 12, 2. Anth. V, 12
4. XII, 21, 6. 209, 3. Jacobs z. Ach. Tat. p. 446. Peerlk. z. Xen. Eph. p. 151). Alle
gegen die Herstellung eines solchen Gedankens spricht entschieden der Schlusz: *καὶ
ζήτουν καὶ αὐτοὶ περιττότερόν τι κτλ*., welcher den Inhalt des Participialsatzes nur wi
derholen würde. Auch erregt die zweimalige Anwendung von *ζητεῖν* einigen Verdach
Dagegen würde sich dem voraufgehenden *σφριγῶντες* sehr paszend anschlieszen u
überhaupt sinngemäsz sein: *πολὺν ἤδη χρόνον ἔρωτι ζέοντες*.*) Aehnlich *ἔρωτι ὀργ*
Theophyl. ep. 18 u. *φλεγόμενος τῷ ἔρωτι* Char. II, 3, 8. So werden auch *ὀργᾶν* u
φλέγεσθαι verbunden Plut. Phoc. 6. Philop. 9.

III, 14. 5: *οὐδὲν ὧν ἕνεχα ὄργα ποιεῖν ἐπιστάμενος*. Dasz sich *ἕνεχα* neben *ὄρ*
nicht halten läszt, steht wol fest; darum möchte ich aber das Wort nicht ohne weiter
über Bord werfen, glaube vielmehr, dasz *ὧΝΕΝΕΚΑ* nur auf einem Schreibfehler bert
für *ὧν ΜΑΛΙCΤΑ*.

III, 16, 2: *ἀετὸς ἥρπασε καὶ οἷα μέγα φορτίον ἀράμενος οὐχ ἐδυνήθη μετέωρ*

---

*) Wenn es bei Luc. dial. mer. 12, 2. heiszt: *οὐ πρὸς μόνον σὲ ζῶ;* so läszt sich dieses Wort der Het
nicht rechtfertigen mit Ausdrücken wie Dem. de Halon. 17: *οὐκ αἰσχύνονται Φιλίππῳ ζῶντες καὶ οὐ
ἑαυτῶν πατρίδι*, was bei Pseudo-Dem. ad ep. Phil. 18. zum Theil wiederkehrt, oder Aelian. ep. 7: *;
ωργία ζῆν* und Alciphr. I, 37, 5: *δεῖ γὰρ αὐτὸν ἢ ἐμοὶ ζῆν ἢ τεθνάναι Θετταλ*ῷ. Ja auch die scheinbar a
logeren Ausdrücke *πρὸς τοῦτον ἕνα δεῖ ζῆν ἐμέ* bei Men. fr. 574, 3. (4. 250.); *τοῖς δὲ πρὸς ὁμ
ζῶσι* bei Dem. de fals. leg. §. 226; *οὐ μὴν ἀλλ' ἐπεὶ πρὸς ἑτέρους μᾶλλον ἢ πρὸς αὐτοὺς — εἰς
μεθα ζῆν* bei Plut. mor. p. 471. A. oder *πρὸς ταῦτα καὶ ζῆν καὶ ἀποθνήσκειν* p. 1042. E. können ni
als ausreichende Stütze der obigen Wendung angesehen werden, da in ihnen nicht die Bezeichnung
Zuneigung liegt, sondern eine Abhängigkeit, Dienstwilligkeit und Rücksichtnahme a
gedrückt wird. Vielmehr ist Lucian sein eigner Interpret in den sogleich folgenden Worten: *γύναιοι
μεμηνὸς ἐπὶ σοί* ("in dich vernarrt"), welche die Emendation *οὐ πρὸς μόνον σὲ ζέω*; sehr nahe leg
Vgl. Heliod. I. 29. p. 34, 12: *ζέοντα πρὸς τὴν μάχην*. V, 25. p. 147, 4: *ἐνθουσιῶντα πρὸς τὴν μά
καὶ ζέοντα*. Nic. Eug. III, 250: *εἷς πρὸς ἡμᾶς μᾶλλον ἐκκεκαυμένη*.

ἐπὶ τὴν συνήθη τὴν ὑφηλὴν κομίσαι ἐκείνην πέτραν, ἀλλ' εἰς τήνδε τὴν ὕλην τὴν τα-
πεινὴν ἔχων κατέπεσε. Es ist mir allerdings bekannt, dasz ταπεινός von Niederungen
gebraucht wird, auch scheint es durch den Gegensatz zu ὑφηλός gesichert zu sein, indessen das ohne Object angeschloszene ἔχων läszt auf eine Corruptel schlieszen, zu der
gerade die Rücksicht auf jenen Gegensatz die Handhabe geboten haben mag. Jedenfalls
gewinnt der Gedanke nur, wenn wir für *TΑΠΕΙΝΗΝ* schreiben *ΑΡΠΑΓΗΝ*. Aehnlich
heiszt es bei Ach. Tat. II, 12, 2: ὁ γὰρ ὄρνις (ἀετὸς) ᾤχετο φέρων τὴν ἄγραν. So
hat L. ἁρπαγή in concretem Sinne oft gebraucht, nemlich I, 28, 2. II, 21, 1. 23, 5. 25, 3.
III, 1, 1. 2, 3. Ebenso steht ἄγρα III, 7, 2. Anth. IX, 14, 8. cf. Raspe de v. 2 Aiac. Soph.
p. 18.*) u. θήρα Long. III, 11, 1. Anth. IX, 10, 6.

   III, 17, 2: ἀλλὰ ταῦτα πηδήματα καὶ τῶν ἐκεῖ γλυκύτερα· πρόσεστι γὰρ αὐτοῖς
χρόνος μακροτέρας ἡδονῆς. Der Zusammenhang verlangt zunächst τῶν ἐκείνων, wie
schon Jungerm. vorgeschlagen hat. Demnächst musz es etwa heiszen: ἀνδρῶν ἄλλα
τὰ πηδήματα, und weiter: πρόσεστι γὰρ αὐτοῖς χρωμένοις μακροτέρα ἡδονή, oder
es ist für χρόνος ein μέρος zu setzen, cl. Simon. fr. 95: εἰ τὸ καλῶς θνήσκειν ἀρετῆς
μέρος ἐστὶ μέγιστον. Jenes ἀνδρῶν mag nach τράγοι in Folge der Aehnlichkeit der
Elemente verloren gegangen sein; es wäre aber auch denkbar, dasz in ταῦτα ein τὰ
ἀνδρεῖα verborgen läge.

   III, 18, 3. D. verspricht der Verführerin einen jungen Bock, Käse und τὴν αἶγα αὐ-
τήν. Welche Ziege aber damit gemeint sei, bleibt unklar. Es wird wol zu schreiben sein:
καὶ τῶν αἰγῶν τὴν ἀρίστην, ganz ebenso wie II, 24, 1. 30, 5. Ueberhaupt liebt L.
diese Wortstellung; vgl. I, 27, 3: τῶν βοῶν ὀκτὼ τὰς ἀρίστας. 10, 1: τῶν προβάτων
τὰ ἀποπλανώμενα. 23, 2: τῶν ἰχθύων τοὺς ἐνδινεύοντας. II, 31, 2: τῶν τράγων τὸν
ἀγελάρχην. 32, 1: τῶν παίδων ὁ νεώτατος, so dasz man versucht ist, auch I, 10, 1:
τὰς θρασυτέρας τῶν αἰγῶν ebenso umzustellen.

   III, 23, 2: ἄρρενας δὲ ἔφευγε πάντας—φιλοῦσα τὴν παρθενίαν. Dasz es unnöthig
ist, φιλοῦσα mit Naber a. a. O. p. 214. in φυλάττουσα zu ändern, sieht man aus
Aelian. v. h. 13, 1: καὶ ἥρα παρθενίας καὶ τὰς τῶν ἀνδρῶν ὁμιλίας ἔφευγε.

   III, 23, 5: μιμεῖται καὶ αὐτὸν συρίττοντα τὸν Πᾶνα. Ὁ δὲ ἀκούσας—διώκει—οὐκ
ἐρῶν τυχεῖν ἀλλ' ἢ τοῦ μαθεῖν, τίς ἐστιν ὁ λανθάνων μαθητής. Für das Schluszwort,
welches höchst wahrscheinlich unter dem Einflusze des μαθεῖν entstanden ist, musz sicherlich geschrieben werden μιμητής. Dieselbe Aenderung hat neuerdings auch Herwerden
Mnem. n. s. VII. p. 88 für Luc. Harmonid. 4 empfohlen. Ueber derartige Versehen der Abschreiber vgl. Blass praef. ad Jsocr. I. p. VII. u. Nauck Eur. Stud. II. p. 152 f. Mél. III.
p. 37. und 292. f.

   III, 24, 3: καὶ ἐγένετο ἂν γυνὴ Χλόη ῥαδίως, εἰ μὴ Δάφνιν ἐτάραξε τὸ αἷμα. Ἀμέλει

---

*)   Anth. Pal. IX. 169, 5: ἀλλ' ἵν' ἀφαρπάξῃ Βρισηΐδα πρὶν Ἀγαμέμνων,
                       τὴν Ἑλένην δ' ὁ Πάρις, πτωχὸς ἐγὼ γενόμην.
ist πρίν störend und metrisch fehlerhaft; Boissonades Vorschlag bei Dübner Βρισηΐδ' ὁ πρὶν Ἀγ.
heilt die Schäden nicht, obschon Dübner ihm zustimmt. Als unzweifelhafte Emendation bietet sich von
selbst: Βρισηΐδ' ἄγρην Ἀγαμέμνων. Vgl. Hor. C. III, 27, 55.

καὶ δεδοικὼς μὴ νικηθῇ κτλ. Hier halte ich *ἀμέλει* für wenig paszend und glaube, dasz *ΑΜΕΛΕΙ* zu ändern sei in *ΑΜΑΔΕ* (*ἅμα δὲ*) vgl. z. B. Char. I, 14, 4. Long. III, 4, 4, der allerdings im allgemeinen in der Satzverbindung ziemlich einförmig ist und über beschränkte Mittel verfügt.

III, 26, 4: *ἴθι δή, πεῖσον Χλόην, ἡ δὲ τὸν πατέρα, μηδὲν αἰτεῖν μέγα καὶ γαμεῖν.* Nicht streichen möchte ich die 2 letzten Worte, sondern sie verbeszern in *εἰς γάμον*. *Μέγα* steht wie *μεγάλα* 25, 1. —

III, 28, 2: *ὁ γὰρ δελφὶς οὐκ ἀγαθὸν ὀδωδὼς αὐτῷ προσέπιπτεν ἐρριμμένος καὶ μυδῶν*. In diesen Worten erscheint *καὶ μυδῶν* fast als überflüszig, da *οὐκ ἀγαθὸν ὀδωδώς* schon hinlänglich das Aas bezeichnet, andrerseits ist das kahle *ἐρριμμένος* einer örtlichen Bestimmung bedürftig; ich glaube nicht fehl zu gehen, wenn ich aus *ἐρριμένοCΚΑΙΜΥΔΩΝ* herauslese *ἐρριμμένος ΕΙCΑΙΓΙΑΛΟΝ*, also: *εἰς αἰγιαλόν.*

III, 30, 4: *παρεμυθήσατο, κοινὴν ὁμολογήσας αἰτίαν πανταχοῦ γεγονέναι.* Während Cobet V. L. p. 181 für das unverständliche *αἰτίαν* beiläufig *σπάνιν* vorschlug, schrieb Hercher *ἀφορίαν*, entschied sich aber später tom. II. Add. p. LXVIII für *δυσετηρίαν*. Aber keine dieser Vermuthungen ist plausibel; mir ist es unzweifelhaft, dasz nach *ὁμολογήσας* die Silbe *ακ* abhanden gekommen, und dasz *ΑΚΑΙΤΙΑΝ* nichts andres ist als *ΑΚΑΡΠΙΑΝ*. Dasz c und κ häufig vertauscht wurden, ist allgemein bekannt.

III, 33, 4: *καὶ ἓν μῆλον ἐλέλειπτο ἐν αὐτοῖς ἄκροις ἀκρότατον, μέγα καὶ καλὸν καὶ τῶν πολλῶν τὴν εὐωδίαν ἐνίκα μόνον*. Das letzte Wort ändert Naber Mnem. n. s. V. p. 215 sehr gewaltsam in *πολύ*. Viel glaublicher ist, dasz *μόνον*, falls man es nicht nach dem von Stallb. z. Plat. Symp. p. 215 C berührten Sprachgebrauche erklären kann. ursprünglich hinter *ἓν* stand, beim Abschreiben aber übersehen und dann an den Rand geschrieben wurde, worauf es später an eine falsche Stelle des Textes gerieth; Auszerdem möchte ich *καλὸν ὄν* und für *ἐνίκα* das Partic. *νικῶν* vorschlagen.

III, 34, 3. Die kaum verständlichen Worte: *ὁμοίως ἔχομεν τοὺς σοὺς μάρτυρας* emendirt Cobet nicht unwahrscheinlich: *ὁμοίους ἔχετε τοὺς μάρτυρας*. Nur dürfte *τουccουc* in *τοῦ εἴδους* nachzubeszern und für das wenig ansprechende *ΜΑΡΤΥΡΑΣ* ein *ΔΙΑΙΤΗΤΑΣ* herzustellen sein, wofür besonders spricht Luc. dial. mar. 5, 2: *οὐκ ἄλλη κρατήσει τῆς Ἀφροδίτης ἀγωνιζομένης, ἢν μὴ πάνυ ὁ διαιτητὴς ἀμβλυώττῃ.* Vgl. Dio Chrys. or. XI. p. 311. R.

IV, 2, 2: *εἴκασεν ἄν τις αὐτὸν πεδίῳ μακρῷ*. Ein baumreicher *παράδεισος* kann aber unmöglich mit einem *πεδίον*. d. h. einer Trift, einer mehr oder weniger baumlosen Fläche verglichen werden, und zwar um so weniger, als jener Park auf einer Höhe lag, von der man eine weite Aussicht auf das *πεδίον* hatte (s. 3. 1.) Das ist so einleuchtend, dasz man in der That kaum begreift, wie man an jenem *πεδίῳ* bisher hat ohne Anstosz vorübergehen können. Die Emendation liegt aber sehr nahe. Es ist nemlich *αὐτὸνΝΡΕΔΙΩΙ* nur verschrieben für *αὐτὸν ΔΡΥΜΩΙ* (*δρυμῷ*). Wir finden dies Wort bei L. noch I, 2, 1. u. 9, 1. Zur Stütze meines Vorschlages dient auch II, 3, 5, wo Philetas von seinem *κῆπος* sagt: *ἂν περιέλῃ τις τὴν αἱμασιάν, ἄλσος ὁρᾶν οἰήσεται.*

IV, 3, 2. Auf dem Gemälde befanden sich *πανταχοῦ Σάτυροι πατοῦντες, πανταχοῦ*

χαι χορεύουσαι. So schreibt man allgemein nach dem Vorgange Schäfers, der das
allen codd. fehlende πατοῦντες aus den Schluszworten des Capitels καὶ τοῖς πατοῦ-
χαὶ ταῖς χορευούσαις entnahm. Indessen ich bezweifle die Richtigkeit dieses Vers.
ns. für welches man sich nicht auf die Anacreontea fr. 3, 15. (p. 809. B.) berufen
·d: ποίει δὲ ληνὸν οἴνου ληνοβάτας πατοῦντας, τοὺς Σατύρους γελῶντας, da hier
e wesentlich verschiedene Situation zur Darstellung kommt. Der von L. gebrauchte
sdruck war wol nicht ΠΑΤΟΥΣΙ sondern ΠΑΙΖΟΥΣΙ, so dasz auch oben παίζοντες
ιzufügen sein wird. Vgl. Soph. O. R. 1109 und oben p. 24.

IV, 4, 1: τοῖς ἄνθεσιν ὕδωρ ἐπωχέτευσε. Πηγή τις ἦν εὗρεν ἐς τὰ ἄνθη Δάφνις·
χόλαζε μὲν τοῖς ἄνθεσιν ἡ πηγή, Δάφνιδος δὲ ὅμως ἐκαλεῖτο πηγή. Diese Stelle lei-
t an mehr als einem Gebrechen; in dem zweiten Satze scheint das Relativ. ἦν zu
ιlen, welches auch Hercher und Hirschig nach ἦν eingefügt haben. Zudem ist
ιρεν verkehrt, und endlich ὅμως ganz sinnlos. Alle diese Mängel laszen sich aber in
ιner, wie mir scheint, ganz sicheren Weise beseitigen. Die beiden ersten schwinden
ιmlich sofort, wenn wir mit einer kaum nennenswerthen Veränderung der Schriftzeichen
ιhreiben: τοῖς ἄνθεσιν ὕδωρ ἐπωχέτευσε πηγή τις, ἣν ἦγεν ἐς τὰ ἄνθη Δάφνις.
ο bekommen wir ein untadeliges Satzgefüge, und ΕΥΡΕΝ sieht dem ΗΓΕΝ so ähnlich,
ιe ein Ei dem andern.[*] Ueber das Verb. ἄγειν vgl. Lucian. asin. 43: καὶ τὸ ὕδωρ
ῤ φυτῷ ἐπῆγεν. Dasz aber πηγή als Subj. zu ἐποχετεύειν erscheint, ist ebenso wenig
ιnstöszig, als das στόμιον ἐποχετεῦον bei Heliod. IX. 8. p. 253, 28. nnd der λόγος ἐπο-
ετεύων bei Plut. mor. p. 660. B. Das verkehrte ΟΜΩΣ endlich beruht auf einem leicht
rklärlichen Lesefehler für ΟΜΩΝΥΜΟΣ, welches bekanntlich auch mit dem Gen. ver-
ιunden wird, wie z. B. Pind. fr. 72. u. 86 ed. Schneidew., Plat. Prot. p. 311. B., Luc. imag.
ΙΟ., Anth. IX, 646, 1.; vgl. Stallb. zu Plat. Legg. XII. p. 969. A. Diese. wie ich denke,
ichere Emendation gewinnt auch noch eine Stütze in dem Umstande, dasz Cobet neuerdings
ιieselbe Corruptel bei Liban. I. 633, 13. in derselben Weise geheilt hat Mnem. n. s.V. p. 137.

IV, 4, 5: ἐκοινώνει δὲ παντὸς εἰς αὐτὰς χαμάτου καὶ ἡ Χλόη, καὶ τῆς ποίμνης
ιαραμελοῦσα τὸ πλέον ἐκείναις ἐσχόλαζεν. Des hier vorliegenden Gegensatzes wegen
ιnöchte ich vorschlagen ΕΙΣ ΑΥΤΑΣ zu ändern in ΕΙΣ ΤΑΣ ΑΙΓΑΣ. Dieselbe Aenderung
ιes ΑΥΤΑΣ in ΑΙΓΑΣ ist II, 16, 2 wünschenswerth, wo die codd. bieten: χατεδίωξαν
ιὺτάς, das Nomen αἶγας aber zu weit zurückliegt.

IV. 5, 1: καὶ αὐτὸς ἔφη παραμενεῖν ἕστ' ἂν τοὺς βότρυς ποιήσωσι γλεῦχος, εἶτα

---

[*] Dies erinnert mich an
Anth. Pal. X. 84: Δακρυχέων γενόμην, καὶ δακρύσας ἀποθνήσκω·
δάκρυσι δ' ἐν πολλοῖς τὸν βίον εὗρον ὅλον.
Ὦ γένος ἀνθρώπων πολυδάκρυτον, ἀσθενές, οἰκτρόν,
φερόμενον κατὰ γῆς καὶ διαλυόμενον.
In diesem schönen Epigr. des Palladas ist zunächst βίον εὗρον v. 2. befremdend, was bedeuten würde:
„ich habe ein Lebensloos gefunden," cl. Soph. Trach. 284. Auch hier ist jenes ἦγον unzweifelhaft herzustellen. Was ferner das unmetrische φερόμενον v. 4. anlangt, so befriedigen die bisher gemach-
ten Vorschläge φυρόμενον (Salmas. u. Jacobs) u. φαινόμενον (Boisson.) durchaus nicht. Annehmbarer
wäre schon: φθειρόμενον κραιπνῶς, zumal da φέρεσθαι u. φθείρεσθαι nicht selten verwechselt
wurden; s. Cobet Mnem. n. s. II. p. 258. und V. p. 60. Ich ziehe indessen die weniger durchgreifende
Aenderung ΧΗΓΟΜΕΝΟΝ κατὰ γῆς vor.

Longus.

οὕτως κατελθὼν εἰς τὴν πόλιν ἄξειν τὸν δεσπότην. Was hier οὕτως soll, verstehe i‹
nicht. Sinngemäsz wäre αὖθις, wenn sich nur die Verbindung αὖθις κατελθεῖν (Lu
dial. mer. 12, 2. cl. Ach. Tat. IV, 1, 1.) durch Beispiele aus L. rechtfertigen liesze; au‹
ist es paläographisch wenig wahrscheinlich; in dieser Beziehung, und zugleich in B
rücksichtigung des voraufgehenden ὅτι τάχιστα (s. Naber Mnem. n. s. IV. p. 326.) wür‹
sich nun εὐθέως mehr empfehlen; allein L. gebraucht nur εὐθύς [freilich nicht in d
von Hercher z. p. 251, 30 behaupteten Beschränkung; s. I, 17, 2. III, 17, 1. 28, 2. I
7, 5. 20, 2.] So bleibt denn nur die Annahme übrig, dasz οὕτως verderbt sei aus α‹
τός, was auch paläographisch am nächsten liegt, zumal da im Flor. nach Cobets A
gabe (V. L. p. 175) α von ο gar nicht zu unterscheiden ist.

IV, 6, 2: ὁ δὲ Δάφνις ἀγωνιῶν τῇ Χλόῃ συνένεμεν. Εἶχε δὲ κἀκείνην πολὺ δέ‹
μειράκιον γὰρ εἰωθὸς αἶγας βλέπειν πρῶτον ἔμελλεν ὄψεσθαι δεσπότην, οὗ πρότερ‹
μόνον ἤκουε τοὔνομα. Ὑπέρ τε οὖν τοῦ Δάφνιδος ἐφρόντιζεν κτλ: Die Worte εἶχε-
δέος stören in auffälliger Weise den Zusammenhang, da die unmittelbar folgenden ‹
ἀγωνία des Daphnis begründen. Sie sind offenbar an einen falschen Platz gerathen u‹
müszen nach τοὔνομα eingeschoben werden.

IV, 6, 3: καὶ τὰ φιλήματα δειλὰ ἦν καὶ αἱ περιβολαὶ σκυθρωπαί. Dies letzte
Adj. paszt nicht für den Gedanken, entspricht auch dem δειλός nicht, ja es widerspric
geradezu dem erklärenden Zusatze καθάπερ ἤδη παρόντα τὸν δεσπότην φοβουμένα
ἢ λανθανόντων. Wir haben also ohne Bedenken κρυφαῖαι herzustellen.

IV, 7, 5: καὶ ἰδόντες ἐβόων καὶ βοῶντες ἐδάκρυον, καὶ ἦν μὲν κενόν (cod. B. κα
νόν) πένθος ἀνθέων. Etwas vorschnell hat Hercher die Worte καὶ — ἀνθέων unter den Te
verwiesen. Man braucht nur κοινόν zu schreiben, um einen angemeszenen Gedanken
bekommen. Denn es soll eben die gemeinsame Betrübnis der drei Personen bezeichn
werden, die sich hier eingefunden haben. Ob ἀνθέων noch in ἁπάντων zu ändern s‹
mag dahingestellt bleiben.

IV, 12, 3: ὁ δὲ μεθύοντα ἄνθρωπον καὶ ἑστῶτα μόλις παρωσάμενος ἔσφηλεν ε
τὴν γῆν. Dasz ἑστῶτα unmöglich sei, erkannte Naber Mnem. n. s. V. p. 216, aber sei‹
Conjectur ἐστυχότα ist mir nicht sympathisch; der Ausdruck wäre zu grobsinnlich, pa‹
auch nicht einmal recht als Genosze zu μεθύοντα. Viel natürlicher wäre οἰστρῶντ‹
Vgl. Ach. Tat. II, 37, 8: ἐν δὲ τῇ τῆς Ἀφροδίτης ἀκμῇ οἰστρεῖ μὲν ὑφ' ἡδονῆς. D
Chrys. or. VII. p. 269. R. Anth. V, 226, 5. Jacobs. z. Ach. Tat. I, 18. p. 484. Stall
z. Plat. Rep. IX. p. 573. A. Es könnte aber auch ΟΡΓΩΝΤΑ das ursprüngliche sein;
Theophyl. ep. 18: ἔρωτι ὀργᾶν. Plut. mor. p. 651. B. Anth. V, 13, 7.

IV, 16, 3: σὺ δὲ σῶσον Γνάθωνα τὸν σὸν καὶ τὸν ἀήττητον ἔρωτα νίκησον. ‹
diese Worte in der ursprünglichen Form überliefert sind, ist mir höchst fraglich. De‹
die Liebe νικᾶν kann eigentlich nur der, dessen Gegenliebe erstrebt wird; dazu komn
dasz die Aufforderung eine unbesiegbare Liebe zu besiegen etwas sonderbares h‹
Man erwartet etwa: σῶσον Γνάθωνα τὸν σόν, τὸν ἀήττητῳ ἔρωτι κνιζόμενον. V‹
Hdt. VI, 62: τὸν δὲ Ἀρίστωνα ἔκνιζε ἄρα τῆς γυναικὸς ταύτης ὁ ἔρως. Plut. Ages. 11,
Alciphr. I, 37, 3. III, 31, 1. D'Orville z. Char. p. 542. Schneidew. z. Pind. Pyth. X, 60. ·

In demselben Paragr. ist in den weiteren Worten des winselnden Gnathon: *εἰ δὲ μή, σέ*
ἐπόμνυμι, τὸν ἐμὸν θεόν, ξιφίδιον λαβὼν καὶ ἐμπλήσας τὴν γαστέρα τροφῆς ἐμαυ-
τὸν ἀποκτενῶ der durch den Druck herausgehobene Zusatz so abgeschmackt, dasz er
von dem Sophisten selbst unmöglich herrühren kann. Derartige Albernheit würde bei
einem Eustath. nicht befremden, dem Long. dürfen wir sie nicht zutrauen. Die Worte
mögen von einem Fälscher herrühren, der sich an die voraufgehenden Aeuszerungen der
Genuszsucht erinnerte, cl. 29, 4, aber nicht erwog, dasz der Liebestolle soeben versichert
hat, er habe über seinem Liebesweh allen Appetit verloren.

IV, 17, 2: *εἰς εὐθυμίαν δὲ καὶ αὐτὸν ἐκεῖνον θέλων προαγαγεῖν.* Während Hercher
die Worte *καὶ* und *ἐκεῖνον* ausscheidet, was deshalb nicht räthlich erscheint, weil man
nicht sieht, wie sie in den Text gekommen sein sollen, sucht Hirschig sich mit einem
αὐτός zu helfen, ohne zu bedenken, dasz damit die handelnde Person in einer durch
die Erzählung nicht gerechtfertigten Weise betont wird. *ΚΑΙΑΥΤΟΝ* ist vielmehr entstanden
aus *ΚΑΤΟΑΙΓΟΝ* (*κατ᾽ ὀλίγον*).[*)]

IV, 19, 3: *Ἐνταῦθα ὁ Λάμων, πάντων ἤδη συνερρυηχότων καὶ ὅτι καλὸν ὁμόδου-*
λον ἕξουσιν ἡδομένων κτλ. Der Ausdruck *ὁμόδουλον* macht es sehr wahrscheinlich, dasz
πάντων verderbt sei aus *θεραπόντων*, s. 23, 1.

IV, 19, 4: *ἦν καὶ ἀποθανοῦσαν ἔθαψα.* Was hier *καί* soll, ist mir unerfindlich. Da
nach *HN* ein *ΠΑ* wol übersehen werden konnte, so dürfte zu schreiben sein: *ἦν ΠΑΛΑΙ*
κτλ. Ueber die Verwechselung von *H* und *Π* s. Mnem. n. s. IV. p. 336 sq.

IV, 19, 5: *Εὗρον αὐτῷ καὶ γνωρίσματα συνεκκείμενα ὁμολογῶ δέσποτα καὶ φυλάτ-*
τω. Von einem Eingeständnis kann selbstverständlich hier nicht die Rede sein. Was aber
Hercher unter *ὁμόλογα γνωρ.* sich dachte, ist mir nicht recht einleuchtend. Sinnreich
vermuthet Naber a. a. O. p. 216: *ὁμοῦ, ἃ ἐγὼ δ. κ. φ.*, nur Schade, dasz Long. das
Wörtchen *ὁμοῦ* nirgends gebraucht, und dasz abgesehen hiervon *ὁμοῦ* neben *συνεκκεί-*
μενα mindestens überflüszig ist; Aus *συνεκκείμενΑΟΜΟΛΟΓΩ* ist vielmehr zu entnehmen
συνεκκείμενΑ, ΑΕΝΔΟΝΕΧΩ d. h. *ἃ ἔνδον ἔχω* (oder auch *ἐγὼ*) *δέσποτα καὶ φυλάτ-*
τω. Vgl. Anth. X. 50, 7: *ἔτρεφεν ἔνδον ἔχουσα κτλ.*

IV, 20, 2: *οὐ γὰρ εὐθὺς ἦν ἄπιστον, ἐκ τοιούτου γέροντος καὶ μητρὸς εὐτελοῦς υἱὸν*
καλὸν οὕτω γενέσθαι; Soll man wirklich dem. Long. ein Bekenntnis zu dem Vorurtheil
zutrauen, nur vornehme Frauen könnten schöne Kinder bekommen? Lieber nehme ich
an, dasz eine Entstellung des Textes vorliege, worin man durch die eignen Worte des
L. bestärkt wird, in denen er den Dryas über die Herkunft des Daphnis philosophiren
läszt III, 32, 1: *ἔστι δὲ καλὸς καὶ οὐδὲν ἐοικὼς σιμῷ γέροντι καὶ μαδώσῃ γυναικί.*
Dem würde nun im allgemeinen *δυσειδοῦς*[**)] entsprechen, ein Wort, welches auch paläogra-

---

[*)] So ist auch wol Luc. Char. 5 für *εἴ γε καὶ ἰδεῖν ἐθέλεις, ὦ Χάρων, ἅπαντα* zu schreiben: *εἴ γε κατι-*
δεῖν κτλ., wie es denn auch c. 2 heiszt: *ὡς ἀπ᾽ ἐκείνου πάντα κατίδοις.* — In gleicher Weise wird
Anth. Pal. XII, 8, 7: *ὠνοῦμαι προφάσει στεφάνους, καὶ οἶκαδ᾽ ἀπελθὼν*
ἐστεφάνωσα θεούς, κεῖνον ἐπευξάμενος.
der Hiatus beseitigt, wenn man schreibt: *κᾆτ᾽ οἶκαδ᾽ ἀπελθών.*

[**)] Bei Luc. amor. 39 heiszt es: *ποικίλοις φαρμάκοις καταφαρμακεύουσαι τὰ ΔΥΣΤΥΧΗ πρόσωπα*, offenbar
verschrieben für *ΔΥΣΕΙΔΗ.*

Lightning Source UK Ltd.
Milton Keynes UK
UKHW020625201218
334296UK00006B/174/P